Familien-Reiseführer
FLORIDA

Florida

Weißer Sandstrand und türkisfarbenes Meer: Willkommen im Urlaub!

Florida für Eltern und Kinder

Kinderfreundliche Strände

Zehn Touren, die allen Spaß machen

Die tollsten Attraktionen für Kinder

Was wäre ein Traumurlaub im Sunshine State ohne Delfine?

Gut zu wissen

Harry-Potter-Welt: Mit Hexerei hat das nichts zu tun. Oder doch?

Was Sie wissen sollten

Diese Zeichen und Symbole begleiten Sie durch das ganze Buch:

Die Minikarte von Florida mit dem dicken roten, grünen oder blauen Punkt zeigt Ihnen auf einen Blick, an welchem Ort sich die jeweilige Attraktion befindet.

Infos zur Region oder spezielle Empfehlungen für die Eltern gibt's in den grünen Kästen.

In den orangefarbenen Kästen stehen tolle Tipps oder Geschichten für Kinder.

Regionale kulinarische Genüsse oder ein Restaurant, in dem auch Ihre Kinder auf ihre Kosten kommen, finden Sie in den blauen Kästen.

Unsere Autorin Simone Sever lebt mit ihrem Mann sowie ihren Zwillingssöhnen Caesar und David (11) in Hamburg und möchte auch nirgendwo sonst auf der Welt wohnen.
Als freie Reisejournalistin ist sie häufig unterwegs und als Mutter weiß sie genau, was Kindern gefällt. Florida hat sie auf zahlreichen Trips von Norden nach Süden und von der West- bis zur Ostküste bereist. In diesem Familien-Reiseführer verrät sie ihre Lieblingsorte im Sunshine State.

Florida entdecken

360 Tage Sonnenschein. Na, wenn das kein Lockmittel für Familien und andere Reisende ist. Das milde Klima des 27. Staates der USA hat ihm nicht umsonst den Beinamen „Sunshine State" verliehen. Die ersten Bilder, die mir durch den Kopf kreisen, denke ich an Florida, sind somit ein Kessel Buntes im Sonnenschein: Da höre ich geradezu das Geschnatter von Flipper, kriege es ein bisschen mit der Angst zu tun schon beim bloßen Gedanken an Alligatoren, sehe braune Pelikane in Formation über atlantische Wellen fliegen und weiße Reiher im Mangrovendickicht herumstaksen. In Miami tobt in meinem Kopf das Partyleben und vor den Farben und formschönen Art-déco-Gebäuden parken Hot Rods und andere US-amerikanische Schlitten aus dem Film „American Graffiti", während Micky Maus mit Don Johnson einen Burger isst – aber was hat das mit Familienurlaub zu tun? Alles! Denn in Florida gibt es an jedem Ort, in jeder Situation und beinahe zu jeder Tageszeit mindestens eine Geschichte, eine Attraktion, einen Strand oder eine Tour, an der Kinder verschiedener Altersgruppen Freude haben können.

Einreiseformalitäten

Kinder sind in Florida willkommen – und beliebt. Das zeigt sich meist schon bei der Einreise in die Vereinigten Staa-

360 Tage Sonne – kein Wunder, dass Florida auch Sunshine State genannt wird

ten von Amerika. Familien mit Kindern dürfen schon mal in einer gesonderten Warteschlange stehen, einer, in der es schneller geht. Meine Kinder waren bei der Ankunft zwar bereits 10 Jahre alt, wir wurden aber trotzdem herausgewunken, und so ersparte man uns sicherlich mindestens eine halbe Stunde Wartezeit. Selbst die sonst so strengen Einreisebeamten hatten einen Scherz für meinen Sohn David parat: „Oh look, Justin Bieber is here" („Ach, guck mal, da ist doch Justin Bieber"). Das gestaltet das Einreiseprozedere und die Abnahme der Fingerabdrücke bei uns Erwachsenen dann doch etwas freundlicher.

Erste Englischversuche & Begegnungen

Für deutsche Schulkinder, die in den meisten Bundesländern ab der Grundschule Englisch lernen, ist eine Ferienreise in ein englischsprachiges Land ohnehin eine tolle Sache. Auch wenn natürlich nicht alles sofort verstanden wird – einzelne Wörter und Sätze werden doch mal erkannt. Kleine Bestellungen und Freundlichkeiten können bereits ausgetauscht werden: „Thank you", „You're welcome". Das macht die Kinder besonders stolz und uns Eltern – na klar – auch! Und dann ist da ja noch die deutsch-amerikanische Freundschaft, die zwar nicht immer gut war, aber laut einer Anfang 2012 erhobenen Umfrage haben nun „55 Prozent der Amerikaner einen ausgezeichneten oder guten Eindruck von Deutschland". Auch in Florida fällt das auf. Egal ob beim Essen, im Supermarkt, „in line", also in der Warteschlange in einem der Vergnügungsparks, immer

> ### Florida im Film
> *Stimmen Sie sich mit einem DVD-Abend auf Ihren Urlaub ein. Für die Kinder gibt es „Flipper" oder auch „Flippers neue Abenteuer". Auch die Geschichte vom verletzten Delfin Winter („Mein Freund, der Delfin") spielt in Florida. Teenies lachen sicherlich über Ben Stiller in „Meine Frau, ihre Schwiegereltern und ich". Und für die Eltern könnte „African Queen" mit Katherine Hepburn und Humphrey Bogart genau passend sein.*

ist ein Amerikaner in der Nähe, der irgendwelche „german roots", deutsche Wurzeln, hat: „My mother`s great aunt was born in Mühlhaim, so I'm actually German" („Die Großtante meiner Mutter wurde in Mühlheim geboren, also bin ich eigentlich deutsch") oder „My Grandfather used to live in Stuhtgaaht!" („Mein Opa lebte mal in Stuttgart"), bekamen wir auf unserer Floridareise ein ums andere Mal erzählt. Auch sprachlich haben sich eine ganze Menge deutsche Wörter im amerikanischen Englisch etabliert, allen voran der Hamburger, außerdem Frankfurter, Bratwurst, Autobahn, nicht zu vergessen das Fahrvergnügen und der Kindergarten.

Müdigkeit überwinden

Kommen Sie am ersten Tag in aller Ruhe an, denn die Zeitumstellung wird allen Familienmitgliedern sicherlich ein kleines bisschen zu schaffen machen.

Versuchen Sie bereits in den ersten Stunden, den richtigen Rhythmus zu bekommen und bleiben Sie so lange wach, wie es geht. Meinen Kindern hat in diesem Fall ausnahmsweise Cola geholfen.

Florida – eine Rundreise

Florida hat viele Urlaubsmodelle anzubieten: Ferienwohnung mit Ausflugspotential, Roadmovie mit Kindern, Beachresort mit Besuch bei Micky Maus … Was auch immer Sie geplant oder auch nicht geplant haben, die zentrale Mitte des Zipfelstaates ist ein gutes Anreiseziel. Sie können sich dann entscheiden, in welche Richtung Sie sich von hier aus aufmachen. Meine Tipps führen ab und bis Orlando und meine Tourenvorschläge für den 27. US-Staat weisen Ihnen den Weg im Uhrzeigersinn rund um die Touristenhochburg, denn

> ### Amerikanisch-deutsche Umrechnungseinheiten
> *1 inch oder Zoll = 2,54 cm*
> *1 foot = 30,48 cm*
> *1 yard = 91,44 cm*
> *1 mile (mi) = 1,61 km*
> *1 square mile = 2,58 qkm*
> *1 pound (lb) = 0,45 kg*
> *1 ounce (oz) = 28,35 g*
> *1 fluid ounce (fl oz) = 29,57 ml*
> *1 gallon = 3,78 l*
> *1 mile per hour (mph) = 1,61 km pro Stunde*
> *x miles per gallon (mpg) = (235/x) Liter auf 100 Kilometer*
> *Beispiel: 10 mpg = 23,5 l/100 km*

für Kinder – und auch für viele Erwachsene – ist Orlando Pflichtprogramm. Der Flughafen ist international und die West- sowie Ostküste sind schnell erreicht. Die Shoppingmöglichkeiten in und um Orlando sind zahlreich und die Ausflugsziele spannend. Zwei, drei oder auch vier Wochen lang können Sie jeden Tag etwas Neues erleben – sofern das Portemonnaie die teilweise gepfefferten Ticketpreise hergibt.

Tierisches Florida

Kommen wir zurück zum ersten Punkt meiner Gedanken über Florida: „Flipper" – in den 1960er-Jahren eine nicht nur bei Kindern beliebte TV-Serie mit einem Delfin als Serienstar. Neben Flipper bekam der staunende Zuschauer aber auch gefährliche Alligatoren und freche Pelikane zu sehen. Schon damals war den Kindern klar: In Florida gibt es Tiere, die es bei uns nicht gibt, und zwar reichlich.

Die braunen Pelikane sind überall an den Küsten Floridas zu sehen.

Sogar solche, die wir im ersten Moment gar nicht zwingend mit Florida in Verbindung bringen: Panther zum Beispiel. Glauben Sie nicht? Es ist kein Zufall, dass der Panther das Wappentier des Bundesstaates ist. Am Himmel fliegen Habichte und auch Weißkopfseeadler. Im Wasser leben uralte Schildkröten und die etwas unförmigen Manatees (Seekühe). Es gibt auch Krokodile, obwohl oft angenommen wird, in Florida würden doch nur Alligatoren leben. Die Krokodile sind im Mangrovengürtel der Everglades (siehe Tour 5, S. 56) beheimatet. Straßenschilder „Crocodile Xing" („xing" steht für „crossing") warnen vor unfreiwilligen Treffen. Die wohl am stärksten herbeigesehnte Begegnung der Floridabesucher ist zweifellos die mit Delfinen. Die grauen Säugetiere ziehen Menschen jeglichen Alters in ihren Bann. Wer nach Florida kommt, der wird vielleicht versuchen, irgendwo Kontakt mit den schlauen Meeresbewohnern aufzunehmen. Dafür gibt es vielerlei Möglichkeiten. Ganz natürlich etwa in Küstennähe. Halten Sie besonders in den frühen Morgen- und Abendstunden die Augen auf, manchmal kommen die Tiere ganz nah. Wenn Sie einen Bootsausflug machen, könnte es durchaus passieren, dass eine Delfingruppe in den Wellen des Schiffes spielt.

Feuchte Küsse

Zahlreiche Resorts und Research Center wie auch Freizeitparks bieten Schwimmen mit Delfinen an. Es ist ein nicht ganz günstiges Freizeitvergnügen und auch nicht immer erlebenswert. Ob es für Sie Tierquälerei ist, müssen Sie für sich und Ihre Familie selbst entscheiden. Nur so viel sei gesagt: Die Trainer, die wir auf

In Discovery Cove, Orlando, wird Davids Traum endlich Wirklichkeit

unseren Floridareisen getroffen haben, waren alle stets darum besorgt, dass es ihren tierischen Schützlingen an nichts mangelte. Und für all die Kinder und Erwachsenen, die wir beobachtet haben, und auch für unsere eigenen Söhne war die körperliche, reale Begegnung mit einem derart faszinierenden und freundlichen Geschöpf einfach unbezahlbar.

Möchten Sie einen Delfin adoptieren?

Einmal einen Delfin zu streicheln oder sogar mit ihm zu schwimmen – nicht nur ein Traum für Kinder. Wenn Sie Ihrem Kind ein ganz besonderes Geschenk machen möchten, spendieren Sie ihm doch eine Patenschaft des Dolphin Research Center (DRC) und bezahlen ab $ 15 jährlich für die Teilnahme an dem Dolfriend-Programm. Mehr Infos unter www.dolphins.org. Siehe auch S. 61 und 96.

Was Eltern wissen sollten

Um das Ziel Amerika überhaupt zu erreichen, brauchen alle Kinder einen maschinenlesbaren Reisepass für den Urlaub in den Vereinigten Staaten von Amerika. Vergessen Sie nicht, sich mindestens 72 Stunden vorher bei der ESTA, „the Electronic System for Travel Authorization" (www.cbp.gov/esta) anzumelden (siehe auch Kap. „Gut zu wissen", S. 102). Ist das geschafft, steht einer Reise nichts mehr im Wege, zumindest wenn Sie sich an ein paar Regeln halten. Und das sollten Sie auf Ihrer Reise ohnehin nicht vergessen, denn Verstöße werden im Land der unbegrenzten Möglichkeiten streng geahndet.

Achtung, amerikanische Ampelregelungen!

In Amerika hängen die Ampeln hoch oben, und zwar hinter der Kreuzung. Versuchen Sie es sich möglichst schnell zu merken, ansonsten kann es schon mal zu unangenehmen Situationen kommen.

An einer Ampelkreuzung, die für die Geradeausspur Rot anzeigt, dürfen Sie trotzdem nach rechts abbiegen, zumindest wenn der Straßenverkehr dies zulässt.

Garage Sale!

Wenn Sie in den Vereinigten Staaten und natürlich auch in Florida durch Wohngebiete fahren, dann sehen Sie manchmal ein Schild mit den Worten „Garage Sale!" hier wird keine Garage verkauft. Es ist vielmehr ein kleiner, privater Flohmarkt mit allerlei Kram, der verkauft werden soll. Halten Sie gern mal an und fragen Sie nach. Bei so einem Garage Sale kann man manchmal echte Schnäppchen machen. Kinderklamotten, Bücher, Spielzeug … Ganz gezielte Auskünfte über die privaten Verkaufsmärkte erhalten Sie bei Yardsale (www.yardsalesearch.com).

Aufgeschmissen ohne Auto

Ohne Auto ist es in Florida eher schwierig, von A nach B zu kommen. Die Wege können lang sein. Auf den Straßen sind nur selten Fußgänger zu sehen, weil alle fast jede noch so kurze Strecke mit dem Auto fahren. Buchen Sie am besten einen Mietwagen, wenn Sie Florida erkunden möchten. Achten Sie darauf, dass Sie, falls nötig, einen Kindersitz mitbringen oder bereits mit dem Wagen gemietet haben (siehe auch Kap. „Gut zu wissen", S. 104). Die Kindersitzregelungen unterscheiden sich von unseren. Babys im Alter bis zu 1 Jahr müssen wie in Deutschland rückwärts in Babyschalen sitzen. Danach brauchen Kinder einen richtigen Kindersitz mit Rückenlehne und Kopfstütze. Für Kinder ab einem Alter von 4 Jahren gilt in Florida lediglich eine Anschnallpflicht. In den meisten US-Staaten brauchen Kinder von 4 bis 8 Jahren nur noch einen „booster", eine Sitzerhöhung. Ob Sie Ihr Kind anschnallen oder ob Sie eine Sitzerhöhung mitnehmen oder eventuell vor Ort kaufen möchten, müssen Sie selbst entscheiden. Die Booster kosten je nach Anbieter ab etwa $ 15.

Wer in Deutschland bucht, der sollte unbedingt ein Rundum-Versicherungspaket abschließen (siehe Kap. „Gut zu wissen", S. 104).

Verkehrssicherheit

Nun geht's aber los! Rauf auf den US-Highway. Auch hier ist nicht alles so, wie in unseren Breitengraden. Bereiten Sie sich auf die amerikanischen Fahrregelungen vor. Erschrecken Sie nicht, wenn sie jemand auf den teils sechsspurigen Highways rechts überholt – das ist erlaubt. Versuchen Sie, in der Mitte zu fahren, denn die äußerste Spur geht häufig rechts raus. Dann heißt es plötzlich „merge left" („links einordnen"), und auf den Abbiegespuren müssen Sie dann auch wirklich abbiegen. Achten Sie auf die Höchstgeschwindigkeiten auf den Highways und Interstates! Besondere Regelungen gelten rund um Schulgelände. Meist morgens und nach Schulschluss gilt ein strenges Tempolimit von 15 Meilen die Stunde. Auch Schulbusse sind mit Vorsicht zu umfahren. Blinken die Lichter rot, halten Sie unbedingt an – egal, aus welcher Richtung kommend. Überholen ist dann unter keinen Umständen erlaubt. An roten Ampeln darf, sofern es nicht mit „No turn on red light" untersagt ist, rechts abgebogen werden. Achtung, die Ampeln hängen hinter der Kreuzung (siehe Kasten S. 10)!

Plastikgeld

Stecken Sie unbedingt eine Kreditkarte ein. Ohne das Plastikgeld ist man in Amerika beinahe verloren. Ob in Hotels oder beim Autoverleih – Sie müssen stets Ihre Daten als Sicherheit hinterlegen. Auch bei hoffentlich nicht eintretenden Notsituationen wie Arztbesuch oder Krankenhausaufenthalt ist eine Kreditkarte mehr als nützlich. Achten Sie darauf, dass Sie eine Kredit- und auch eine EC-Karte mit Maestro-Zeichen dabei haben. Mit der EC-Karte kann an den meisten ATMs (das sind Maestro-Bankautomaten) Bargeld abgehoben werden.

Die Regeln für Kindersicherheit im Auto unterscheiden sich von unseren

In den Restaurants

„Wait to be seated", heißt es grund-
sätzlich (bis auf wenige Ausnahmen) in
Amerika. Sie gehen also nicht einfach
in das Restaurant und suchen sich
einen freien Platz, sondern Ihnen wird
ein Tisch zugewiesen. In besonders
beliebten Restaurants und zu besonderen Feiertagen kann das dauern, manchmal bis zu einer Stunde oder sogar
noch länger. Dann bekommen Sie eine
ungefähre Zeit genannt und in einigen
Lokalen auch einen elektronischen Pieper in die Hand gedrückt, der, sobald Ihr
Tisch fertig ist, zu piepen oder brummen
beginnt. Häufig geht es übrigens schneller, als man glaubt.

Ab an den Strand

Die Strände Floridas sind meilenweit
und zahlreich. Da ist zum einen die
Atlantikküste mit manchmal rauen Wellen, die sich gut zum Wellenreiten mit
kleineren und größeren Brettern eignen.
Auf der Golfseite Floridas ist das Wasser
viel sanfter und auch wärmer, einfach
ideal für Kleinkinder. Sie erinnern sich
sicherlich noch an die Deepwater-Hori-

Weißer Sand, Sonne satt, Palmen, türkisfarbenes Meer – ein Traum!

zon-Katastrophe und fragen sich, wie
sich das heute noch auf die Wasserqualität im Golf von Mexiko auswirkt. Auf der
Internetseite des Florida Department of
Health (www.floridashealth.com) ist jede
Menge Info zu den Wasserqualitäten an
den einzelnen Stränden und Counties
(Bezirken) zu finden. Verbringen Sie
Ihre Ferien etwa auf Sanibel Island, so
suchen Sie z. B. nach der Wasserqualität
am Bowman's Beach (siehe Kap. „Kinderfreundliche Strände", S. 32).

Drugstores & Pharmacys

Sind Sie auf der Suche nach einer
Apotheke, halten Sie Ausschau nach
Walgreens, CVS und anderen Pharmacys
oder Drugstores. Diese teils großen,
supermarktähnlichen Geschäfte haben
ein großes Arzneimittelangebot im
Sortiment. Sollte sich Ihr Kind schwer-
wiegender verletzen und einen Arzt oder
gar ein Krankenhaus benötigen, denken
Sie daran, dass Sie die Arztrechnungen
in den Vereinigten Staaten sofort bezahlen müssen. Schließen Sie also vor dem
Urlaub eine Auslandsreisekrankenver-
sicherung inklusive USA ab – fragen
Sie bei Ihrer Krankenkasse nach – und
haben Sie für solche Situationen immer
eine Kreditkarte dabei.

Unterkunft & Trinkgeld

Mit Kindern in Amerikas Hotels oder
Motels unterzukommen ist easy! Vierköpfige Familien können ohne Probleme
in einem Zimmer wohnen. Fragen Sie
nach Zimmern mit zwei Queensize-
Betten (ca. 1,40 m Breite). Da haben die
Kinder und die Eltern durchaus Platz
genug. Ein Kingsize-Bett (ca. 2 m Breite)
könnte für Familien mit einem Kind,

Offizielle Besucher-Websiten für Florida

*Ob kinderfreundliche Attrak-
tionen oder spannende
Outdoor-Aktivitäten, ob Norden
oder Süden, ob Atlantik oder
Golf von Mexiko …
Die Internetseite* **Visit Florida**
*kennt sich bestens im gesamten
Sunshine State aus
(www.visitflorida.com).
Mit Tipps rund um Orlando
versorgt Sie www.visitorlando.
com/de. Surfen Sie
doch mal vorbei!*

also für drei Personen, auch groß genug
sein. Die Preise werden pro Zimmer,
nicht pro Person berechnet. Das macht
die Unterkünfte häufig bezahlbarer als
in Europa. Alle Preise für Klamotten, in
Restaurants und auch für Hotelzimmer
werden übrigens ohne Tax, also ohne
Steuerzuzahlungen angegeben. In den
Restaurants sollten Besucher außerdem
den Tip, das Trinkgeld, nicht vergessen.
Zwischen 15 und 20 Prozent kommt
noch mal zum Rechnungspreis hinzu –
sofern Sie zufrieden waren. Achten Sie
aber unbedingt darauf, ob das Restaurant
den Tip nicht vielleicht schon mit auf
der Rechnung stehen hat.
Wer im Restaurant, im Hotel oder auch
in einigen der Outlet Shopping Center
vorfährt, findet oft das Schild „Valet Par-
king". Hier möchte man Ihren Wagen
für Sie parken. Das kann manchmal ganz
nützlich und angenehm sein – etwa bei
Regen –, kostet aber extra. Zwischen $ 2
und $ 5 im Durchschnitt für jeden Weg.

Essen & Trinken

Burger, Burger, noch mal Burger und nicht zu vergessen French Fries, also Pommes Frites. Das ist das Bild amerikanischen Essens. Und – leider – so ist es auch. Zumindest kriegt man genau das: Burger und Fritten eigentlich immer und überall. Im Kindermenü gern auch an allererster Stelle, was die Bestellung für Kinder häufig einfach macht und uns, europäische Urlaubseltern, verzweifeln lässt. Aber keine Angst, es geht auch anders. Manchmal …

Essen zu jeder Tageszeit

Wer im Hotel wohnt und mit Frühstück gebucht hat, der findet genau wie in den Frühstückslokalen auch die üblichen Verdächtigen: Eier in den unterschiedlichsten Variationen. Spiegeleier mit weichem Dotter (sunny side up) oder Spiegeleier mit dem Dotter überbraten (over easy), Rührei (fried oder scrambled), dazu gern kleine Würstchen (sausages) oder Speck (bacon). Auch French Toast oder Pancakes werden gern bestellt. Die Pancakes können auch mit salzigem Bacon gegessen werden. Dazu Ahornsirup und ein kleines bisschen Obst an der Seite. Kinder, zumindest meine, lieben die Waffles, die mal mit Sahne (whipped cream) oder auch mit frischem Obst, zum Beispiel Blaubeeren (blueberrys), serviert werden.

Zum Mittagessen (lunch) wird genau wie zum Abendessen (dinner) auch an einer der zahlreichen Restaurantketten gehalten und eingekehrt. Und, raten Sie mal, was da am liebsten auf den Tisch kommt. Ganz genau: Burger! Beim Natio-

Florida-Orangen

Bei so viel Sonne kann das ja nur gut werden: Die Orangen in Florida gedeihen prächtig und sind extrem saftig und süß. Die USA sind nach Brasilien der zweitgrößte Orangenproduzent weltweit und der größte Teil der US-Anbaufläche für Orangen befindet sich in Florida. Also perfekt, um in der Ferienwohnung ein paar der Südfrüchte auszupressen, denn 100 g Orange enthalten rund 50 mg Vitamin C. Der empfohlene Tagesbedarf liegt bei etwa 70 mg für Kinder im Alter von 4 bis 7 Jahren.

nalgericht lassen sich die amerikanischen Restaurants einiges einfallen: Baconburger, Texasburger, Chiliburger, Burger mit Alligatorfleisch, mit frittierten Austern, Burger mit Fisch und selbst einen Burger mit Hummer habe ich schon auf der Karte gesehen. Keinen Burgerhunger? Lecker und meist in überschaubaren Portionen kommen die Chicken Tenders oder Chicken Fingers, kleine frittierte Hähnchenbruststreifen mit Dip und Sellerie, daher. Lecker auch für Kinder: die Chicken Wings. Aber achten Sie darauf, dass Sie nicht die scharfen Buffalo Wings bestellen, die brennen meist ganz schön. Nicht zu vergessen natürlich die guten und besonders zarten Steaks. Probieren Sie selbst!

Typisch Florida

Haben Sie schon mal daran gedacht, Alligator zu essen? In Florida ist das an der Tagesordnung, schließlich gibt es dort von den Urviechern auch ganz schön viele. In manchen Restaurants steht Alligatorfleisch tatsächlich auf der Karte. Probieren lohnt sich. Meine Kinder waren ordentlich aufgeregt und neugierig, was da gleich auf den Teller kommt. Am Ende kam die Bestellung frittiert in einem kleinen Basket, einem Körbchen, mit Dip. Mit der nötigen Skepsis wurde dann das erste Teil an die Nase gehalten. Es duftete lediglich nach Panade. Ein bißchen Zitrone drauf, kurzes Abtauchen im Dip und David war der Erste, der den Alligator in den Mund nahm. „Gar nicht mal schlecht", fand mein Sohn. Es schmeckte wie eine Mischung aus Calamaris und Hühnchen. Übrigens, wenn Sie „Dolphin" auf der Speisekarte finden – keine Panik. Dolphin, der auch Mahi-Mahi genannt wird, ist eine Goldmakrele und kein Flipperfreund!

Süße Versuchungen

Brownies, Muffins, Cheesecakes, Key Lime Pies, Hot Fudge Brownies („Hot Fadsch" gesprochen) … Die Liste der Versuchungen in Floridas Restaurants ist lang und zuckersüß. Genauso wie in den Supermärkten und 7-Elevens, die 24/7 (an 7 Tagen die Woche, rund um die Uhr) geöffnet haben. In einigen Abteilungen mit besser sortierten Angeboten kann man sich sogar fertige Torten mit nach Hause nehmen – am St. Patrick`s Day, dem irischen Nationalfeiertag am 17. März, etwa in Grün, am Valentinstag, dem 14. Februar, in Pink, am amerikanischen Nationalfeiertag, dem 4. Juli,

in patriotischem Rot-Weiß-Blau und an Weihnachten natürlich auch.

Meine Kinder lieben Skittles (www.skittles.com), eine Art Smarties mit Gummibärchenfüllung, die es inzwischen aber auch in Deutschland gibt. Besonders hübsch und lecker sind die York Peppermint Patties (www.hersheys.com/york), dunkle Schokotaler mit Pfefferminzinhalt, in silberne Folie gewickelt.

Tischmanieren

Burger, das ist ja wohl ganz klar, werden mit den Händen gegessen. Genau wie bei uns und überall auf der Welt. Die Tischmanieren der Amerikaner unterscheiden sich dennoch von unseren, und zwar in der Benutzung des Bestecks. In Deutschland versucht man den Kindern beizubringen, mit Messer und Gabel das Essen zu zerteilen und dann zu essen. Dabei hält man das Messer und auch die Gabel in der Hand. In Amerika schneidet man einen Bissen ab, legt dann das Messer aus der rechten Hand oben quer über den Teller, Schnittseite zum Essenden,

Geschmackssache: frittierter Alligator mit Zitrone und Dip. Guten Appetit!

Spezielle Kinderkarten gibt es in beinahe allen US-Restaurants

Getränke, Wasser & Refill

Stilles Wasser mit Eis wird ungefragt auf den Tisch gestellt und kostet nichts. Das Wasser kommt allerdings aus der Leitung und ist stark gechlort. Wenn der Chlorgeschmack Sie sehr stört, dann bestellen Sie Sodawater oder auch Cola, Lemonade, Orange Juice, Ice Tea ... Bei großem Durst könnte ein Refill hilfreich und günstiger sein. Bei einem Refill bekommen Sie einfach immer wieder nachgeschenkt. Besonders köstlich für Kinder: fruchtige Smoothies und leckere Milkshakes. Cheers!

nimmt die Gabel in die rechte Hand und legt die linke Hand solange auf die Serviette, die wiederum auf dem Schoß liegt – die Hand kommt also nicht, wie wir es lernen, auf den Tisch. Dann isst man den Bissen mit der Gabel in der rechten Hand und wiederholt den Ablauf.

Doggy Bags

Sind Sie schon mal mit knurrendem Magen in ein amerikanisches Restaurant gegangen und haben sich eine Vorspeise nicht verkneifen können? Nun, dann kennen Sie das wohl: Die amerikanischen Portionen sind riesig! Meist ist der Salat, den man gern vorweg bestellt, schon eine Magen füllende Angelegenheit. Und dann kommt ja noch der Hauptgang (Entree) hinterher. Wenn der nicht mehr ganz reinpasst, fragen Sie einfach nach einer Box oder nach einer „Doggy Bag" und Sie bekommen die Reste ohne Probleme eingepackt.

Wenn unaufgefordert die Rechnung kommt

In europäischen Ländern wie Deutschland, Spanien, Italien, Österreich oder auch in der Schweiz kann ein Abend im Restaurant schon mal lang werden. Da wird in aller Ruhe gesessen, gespeist, getrunken und geredet. Man will die Zeit genießen. Nicht so in amerikanischen Restaurants. Meist kommen Sie gar nicht dazu, nach der Rechnung zu fragen. Bereits kurz nach der Bestellung des Desserts oder des abschließenden Kaffees wird Ihnen der Waiter bzw. die Waitress mit einem freundlichen Lächeln ungefragt die Rechnung auf den Tisch legen und Ihnen so unmissverständlich zu verstehen geben, dass der Tisch dann mit den nächsten Gästen besetzt werden soll.

Aquatica

Ein Strand mitten in der Stadt mit feinem, weißen Sand, mit klarem, blauen Wasser und mit Wellen, die alle paar Minuten angekündigt die Badenden erfreuen. Wachsame Lifeguards haben zu jeder Zeit alles im Blick. Wasserrutschen und Delfine sorgen für zusätzliche Spannung. Mit einem Wort: ein Traumstrand. Doch fürs Träumen ist das Angebot in **Aquatica**, einem 20 Hektar großen Wasserpark in **Orlando**, viel zu reichhaltig. Packen Sie die Badehose ein, nehmen Sie Ihre Kinder an die Hand und verbringen Sie einen fabelhaften Tag im Sand, im und unter Wasser. Zuallererst suchen Sie sich eine besonders schöne Liege unter einem Schatten spendenden Schirm. Möchten Sie mit kleineren Kindern direkt am Wasserspielplatz „Walkabout Waters" liegen und die Kleinen jederzeit im Blick haben? Oder sind Ihre Kinder bereits gute Schwimmer und Sie liegen lieber direkt an den „Big Surf Shores", dem Wellenpool?

Fische & Delfine

Nun steht einem aktiven Strandtag nichts mehr im Wege. Na ja, außer den Wartezeiten, die an den besonders beliebten Rutschen schon mal etwas länger sein können. Wie wäre es gleich am Anfang mit dem „Dolphin Plunge"? Eine tolle Wasserrutsche, allerdings nur für geübte Schwimmer, da sie nicht mit Schwimmwesten gerutscht werden

darf. Das besondere an dieser Rutsche sind die gläsernen Röhren, die mitten durchs Delfinbecken führen. Wer sich nicht traut oder sich ohne Schwimmweste nicht sicher fühlt, die Delfine aber trotzdem sehen möchte, der schnappt sich einen Reifen auf dem „Loggerhead Lane" und treibt ganz ruhig und fröhlich den sanft fließenden Fluss hinunter, vorbei an den Delfinen und einer spektakulären „Fish Grotto" mit kunterbunten Fischen.

Fahrvergnügen

Die „Walhalla Wave" und der „Woo-Hoo Run" sind ein Spaß für die ganze Familie (Babys leider ausgeschlossen).

Parks auswählen und sparen

Wer als Familie nach Orlando, Florida, kommt, wird kaum alle großen Freizeitparks besuchen, das wäre ja viel zu teuer. Eher entscheidet man sich für eine Parkgruppe, wie etwa Walt Disney World Resort, Universal Studios Orlando oder SeaWorld Parks & Entertainment, denn jede der Gruppen umfasst mehrere unterschiedliche Vergnügungsparks mit Tieren, Wasserparks und aufregenden Achterbahnen. Treffen Sie also bereits im Vorwege eine Entscheidung und schauen Sie sich genau an, welcher Park für Ihre Familie in Frage kommt. 4-Tages-Tickets sind meist günstiger als 1-Tages-Tickets.

Durch dunkle Tunnel geht der Ritt mit runden Schlauchbooten mal links mal rechts, mal wellenartig wieder hinaus ins Tageslicht. Um einiges gemeiner, aber im ersten Moment gar nicht so angsteinflößend, kommt der „Taumata Racer" daher. Auf einer Art Luftmatraze schießt der überraschte Wasserrutschenheld erst kopfüber ins Dunkel, um dann mit wiederkehrendem Tageslicht das absolute Nichts unter sich zu sehen. Im gefühlten freien Fall erreicht man das Ende seiner Nerven und das Ende der Rutsche. Kinder – erlaubt ab etwa 1,10 m Größe – wollen am liebsten gleich noch mal. Die Strände von Aquatica sind, wie es sich für einen anständigen Strand gehört, mit allerlei Restaurants, Souvenirshops und natürlich mit Duschen, WCs sowie einer Erste-Hilfe-Station ausgestattet. Das Meeresrauschen gibt's in den Wellenpools, der Sand klebt genauso zwischen den Zehen wie anderswo, die Sonne brennt ebenso gnadenlos wie überall. Die einzigen Unterschiede: Das Wasser ist nicht salzig und es muss natürlich Eintritt gezahlt werden.

5800 Water Play Way, Orlando, FL 32821, Tel. +1-407-351 36 00, www. aquaticabyseaworld.com. Kernzeit 9-17 Uhr. Tageskarte Erw. 1-Tag $ 44,99, Kinder (3-9 J.) $ 33,99, Parkgebühr $ 12.

Alle 10 Minuten heißt es in den Wellenpools: „surf's up!" Achtung, Wellen!

Typhoon Lagoon

Der tropische Wasserpark **Disney's Typhoon Lagoon** entstand laut Legende, als ein heftiger Sturm über Florida fegte und der Krabbenkutter Miss Tilly auf die Spitze des Mount Mayday geweht wurde. Tolle Geschichte, aber ebenso wahr, wie das Wasser hier salzig ist – nämlich gar nicht!

Cool im Pool

Dieser künstlich angelegte Strand hat nichts mit Sturm und Schlechtwetterfronten zu tun, im Gegenteil. Der spektakuläre Wasserpark lädt Badenixen und Wasserratten aller Altersklassen zu einem herrlichen Badetag ein. Alle 90 Sekun-

„Miss Tilly" thront auf der Spitze des Berges über den Badegästen

den kommen fast 2 m hohe Wellen – ein prima Badevergnügen. Lifeguards haben natürlich immer alles im Blick. Schnell mit der Familie zu den „Gang Plank Falls" und hinein ins runde Gummiboot. Am Anfang ist es noch gemütlich, bis es auf einmal schneller wird und die Welt sich im runden Boot dreht. Unbedingt ausprobieren!

Eis im Eimer

Der „Ketchakiddee Creek" mit großem Wasserspielplatz wird jedes Kleinkind begeistern und ein weißer Sandstrand am Wellenpool lädt zum Entspannen ein, aber nicht zu lange, sonst verpassen Sie den „Castaway Creek", einen gemächlich dahinfließenden, handgemachten Fluss, der nur bis zu 1,20 Meter tief ist. Schnappen Sie sich einen der „tubes", den großen Schwimmreifen,

Blizzard Beach

Ein weiterer Strand- und Wasserpark, ebenfalls von Disney, allerdings mit einem winterlichen Thema, ist der Blizzard Beach. Wer lieber in Skisesseln auf den Wasserrutschenberg fährt oder auf Eisschollen herumtobt, dem sei der „coolest water park", wie man sich hier stürmisch selbst betitelt, empfohlen.
Blizzard Beach, *1534 West Buena Vista Drive, Lake Buena Vista, FL 32830, Tel. +1-407-939-62 44. 10-17 Uhr. Tagesticket Erw. $ 55,83, Kinder (3-9 J.) $ 46,86.*

und treiben Sie mit Kind und Kegel vorbei an tropischen Gärten, exotischen Vögeln, an Wasserfällen und durch Nebelschwaden. Gönnen Sie sich danach unbedingt den „Sand Pail Sundae", einen riesigen Eisbecher, der in einem Sandspielzeugeimer serviert wird. Besser geht's kaum.

Lake Buena Vista,
FL 32830, Tel. +1-407-939 76 75,
www.disneyworld.disney.go.com/
parks/typhoon-lagoon.
Tägl. ca. 9-21 Uhr. Tagesticket Erw.
$ 85, Kinder (3-9 J.) $ 79.

Wie die großen Wellenreiter

*Viele Kinder möchten gern das Surfen lernen, aber im offenen Meer kann das schon gefährlich werden. Wenn Ihr Kind mindestens acht Jahre alt ist, melden Sie es doch per E-Mail zum **Surfkurs** im Typhoon-Lagoon-Wellenpool an. Der etwa dreistündige Kurs kostet $ 150. wdprsurfingprograms@email.disney.com.*

Stundenlang im Sand buddeln – wenn das kein Traumurlaub für Kinder ist

Cocoa Beach

Ein ganz wunderbarer, quirliger Ort ist **Cocoa Beach** (gesprochen „Coco") an der atlantischen Ostküste. Der feine Sandstrand lädt besonders an Wochenenden Heerscharen von Familien zur Beachparty „all day long", den lieben langen Tag, ein. Parken Sie Ihr Auto am besten in der Nähe von **Ron Jon's Surf Shop** [4151 North Atlantic Avenue, Cocoa Beach, FL 32931, Tel. +1-321-799 88 88, www.ronjonsurfshop.com. 24 Stunden tägl., 365 Tage im Jahr], einem pastellbunten Fantasiegebäude mit auffälligen Surferstatuen und einem tollen Angebot an wirklich coolen Beachklamotten für die ganze Familie. Die **Atlantikstände** sind eindeutig nicht immer zum Schwimmen für kleine Kinder geeignet, dafür sind häufig die Wellen zu hoch.

Im Land der Urviecher

Zähne, Eier, Klauen ... Ach herrje, ein Paradies für jeden kleinen Jungen und manches Mädchen. In der „Adventure Zone" warten spannende Abenteuer und Experimente auf neugierige Kinder. Wie wär's mit einer Floßfahrt auf dem Nil? Im „Dinosaur Store" haben Sie die Wahl zwischen unbezahlbaren Fossilien und erschwinglichen Repliken. The Dinosaur Store & Adventure Zone, 250 W Cocoa Beach Causeway, Cocoa Beach, FL 32931, Tel. +1-321-783 73 00, www.dinosaurstore.com. Mo, Mi-Sa 11-17, So ab 12 Uhr. Erw. $ 5, Kinder (3-15 J.) $ 8.

Doch keine Angst, ins Wasser können Sie Ihre Kinder trotzdem schicken, nur eben nicht so tief rein. Sie sollten außer-

Besonders an sonnigen Wochenenden ist am Cocoa Beach viel los

dem genauestens die Warnhinweise am Strand durchlesen und Ihren Kindern die sogenannten „rip currents" (siehe Kasten unten) erklären. Um ein gutes Sicherheitsgefühl zu bekommen, suchen Sie sich einen Platz in der Nähe des Lifeguard-Turmes. Größere Mädels und Jungs, die sich eventuell mal im Surfen ausprobieren möchten, fragen bei Ron Jon's Surf Shop (Adresse siehe links) nach „surf lessons". Nur ein paar Meter vom Strand entfernt ist ein kleiner 7-Eleven-Laden, dort können Chips oder auch Wasser gekauft werden. Und nur wenige Schritte vom öffentlichen Parkplatz finden Sie Toiletten und Duschen.

Am Abend zum Dinner oder zum Sonnenuntergang empfiehlt sich **Captain J's** [211 Cocoa Beach Causeway, Cocoa

Schauen Sie genau hin! Die täglichen Wasser- und Wetterbedingungen

Beach, FL 32931, Tel. +1-321-783 17 17].
Versuchen Sie, einen Platz auf der Dachterrasse zu bekommen, von dort hat man einen direkten Blick auf die Kreuzfahrtschiffe, die Richtung Karibik unterwegs sind. Und manchmal, wenn sich von Cape Canaveral aus wieder ein Spaceshuttle Richtung Weltraum aufmacht, hat man vom Cocoa Beach aus einen ausgezeichneten Blick aufs Geschehen.

Anfahrt: 211 Cocoa Beach Causeway, Cocoa Beach, FL 32931 - in den Navi eingeben oder den Cocoa Beach Causeway bis zum Ocean Beach Boulevard fahren.

Regeln im Wasser

Achten Sie an den Stränden Floridas immer auf die aktuellen Wasserbedingungen und merken Sie sich ein paar einfache Regeln: Schwimmen Sie nicht zu weit raus. Gehen Sie nicht allein ins Wasser. Sollten Sie von einer Strömung (rip current) erfasst werden, schwimmen Sie nicht gegen an. Versuchen Sie, aus der Strömung herauszukommen. Sollte Ihnen das nicht gelingen, lassen Sie sich treiben und winken oder rufen Sie um Hilfe. Achten Sie auf die Flaggen, die am Strand wehen. Blau bedeutet z. B. gefährliche Tiere. Bei zwei roten Flaggen ist es verboten, ins Wasser zu gehen.

Jaycee Park

Früh am morgen in der Woche und außerhalb von Ferienzeiten findet man sich hier schnell in Möwenschwärmen wieder. Auch Pelikane können im **Jaycee Park** bei **Vero Beach** prima beobachtet werden. Der Strand lockt mit feinem Sand und ein paar schönen Muscheln. Das Wasser ist auf den ersten eineinhalb Metern flach, bevor es etwas abfällt. Achten Sie darauf, dass der Lifeguard „on duty", also in Bereitschaft, ist. Gleich hinter dem Strand lässt es sich in kleinen Pavillons mit Tischen und Bänken und unter schattenspendenden Bäumen prima grillen. Keine Lust auf ein Picknick? Dann kann im **Seaside Grill** [4200 Ocean Drive, Vero Beach, FL 32963, Tel. +1-772-231 19 11] ganz unkompliziert entweder drinnen oder draußen mit Atlantikblick der Hunger gestillt werden.

Ruhe vor dem Sturm: Schnabel in den Wind, bevor die Badegäste kommen

Starbucks

19.555 Geschäfte in 58 Ländern, davon 12.811 allein in den Vereinigten Staaten. Die größte Kaffeehauskette der Welt ist natürlich auch in Florida zu finden. Überall am Wegesrand sieht man immer wieder eins der grün-weißen Schilder mit dem bekannten Namenszug. Und manchmal passt es genau ins Konzept: Der Hunger ist klein, der Durst groß, die Fahrt im Auto noch lang. Dann ist das ein guter Moment, um kurz anzuhalten, einen Kaffee je nach Wahl als Macchiato, Cappuccino, Mocha Dream oder eine Hot Chocolate zu ordern. Kleine Snacks wie Sandwiches, Bagels, Muffins oder köstliche Carrot Cakes und Banana Breads liegen stets frisch zubereitet in den Auslagen. Gemütliche Sesselgruppen und Zeitschriften laden zum Verschnaufen ein und in den meisten der Starbucks-Filialen können Sie sich über das Wi-Fi mit Ihrem Smartphone kostenlos einloggen und schnell mal die E-Mails kontrollieren oder ein Urlaubsbild abschicken.

Besonders praktisch am Jaycee Park: Die Parkplätze kosten nichts.

Anfahrt: *Am besten die Adresse des Seaside Grill in den Navi eingeben (siehe oben), dort können Sie kostenlos parken.*

Matheson Hammock

Fernab der Großstadthektik **Miamis** liegt versteckt etwa 30 Minuten mit dem Auto Richtung Süden das handgemachte **Atoll Matheson Hammock**. Wer am **Atlantik** Badeurlaub mit Kindern macht, der kann schon mal Pech haben und an den zu hohen Wellen scheitern. Dieses kreisrunde

Der Red Fish Grill liegt direkt am Strand und serviert Köstliches!

Fairchild Tropical Botanic Garden

Dieser botanische Garten in der Nähe von Miami ist wirklich einzigartig. Bereits die Anfahrt über die Old Cutler Road ist sehenswert, denn die Banyanbäume haben aus ihren Ästen ein beinah märchenhaftes, Schatten spendendes Dach geformt. Wer gern in tropischer Natur umherspaziert, wer die Ruhe und Stille sucht, der ist hier besonders gut aufgehoben. Sollte Ihnen die Sonne am Matheson-Hammock-Strand zu viel sein, dann lohnt sich ein kleiner Ausflug, denn der tropische Garten ist gleich um die Ecke.
Fairchild Tropical Botanical Garden, *10901 Old Cutler Road, Coral Gables, FL 33156, Tel. +1-305-667 16 51. Tägl. 9.30-16.30 Uhr. Erw. $ 25, Kinder (6-17 J.) $ 12.*

Atoll mit flachem Wasser ist dann genau die richtige Alternative. Hier können Sie Ihre Kinder im Wasser planschen lassen. Die Kleinen buddeln in aller Ruhe im Sand, während die größeren, schwimmsicheren Kinder ohne die Gefahr eines zu hohen Wellengangs baden gehen. Beachten Sie, dass Kinder unter sechs Jahren nicht ohne Begleitung eines mindestens 18-Jährigen ins Wasser dürfen. Natürlich wacht ein Rettungsteam über die Sicherheit der Strandgäste. Essen darf mitgebracht werden. Wer sich lieber verwöhnen lässt, ist im **Red Fish Grill** [9610 Old Cutler Road, Coral Gables (Miami), FL 33156, Tel. +1-305-668 87 88, www.redfishgrill.net] mit Blick auf den Palmenstrand bestens aufgehoben.

9610 Old Cutler Road, Coral Gables, FL 33156. Geöffnet von Sonnenaufgang bis Sonnenuntergang. Parkgebühr ab $ 5 pro Auto.

John Pennekamp State Park

Vielleicht gibt es schönere Strände mit feinerem Sand und grüneren Palmen in Florida und auch auf den Keys. Den **John Pennekamp Coral Reef State Park** sollte man dennoch nicht außer Acht lassen, wenn es darum geht, am oder vor allem im Wasser zu entspannen. Von Norden auf der US 1 Richtung Keys findet man den Park am Mile Marker 102.6. Planen Sie einen ganzen Tag ein und verschaffen Sie sich einen Überblick, was genau Sie hier alles erleben können und wollen. Nur unter Palmen liegen ist alles was Sie möchten? Dann ist der „Far Beach" genau richtig. Ein bisschen mehr Aktivität ist gefragt? Ein toller Tipp für die ganze Familie sind die **Boote mit Glasboden**, die Fahrten zum hauseigenen Korallenriff anbieten [Erw. $ 24, Kinder (unter 12 J.) $ 17]. Da sind die Fische zum Greifen nah!

Der John Pennekamp State Park ist der richtige Ort zum Schnorcheln

Achtung, Zusatzkosten

In den USA müssen Sie anders als in Deutschland bei den Preisen nachprüfen, ob die Steuern bereits inklusive sind. Einige Preisangaben werden nämlich ohne Taxes angegeben und dann kommt je nach Bundesstaat und County gern noch mal eine – manchmal – kaufentscheidende Summe dazu. Auch bei den Parktickets sind die Preise nicht immer final. In Supermärkten und auch bei Kleidung gilt es den Preis genau unter die Lupe zu nehmen!

Schnorchler peilen den „Cannon Beach" an und erkunden das nachgebaute Wrack einer spanischen Galeone. Es gibt auch **geführte Schnorcheltouren** [Telefonische Anmeldung erforderlich unter +1-305-451 63 00, www.pennekamppark. com. Die Touren starten dreimal täglich um 9, 12 und 15 Uhr. Erw. $ 29,95, Kinder (unter 18 J.) $ 24.95. Tauchermasken sowie Flossen können für jeweils $ 2 gemietet und Schnorchel für $ 5 gekauft werden.]. Auch an Land gibt es einiges zu entdecken. Der „Mangrove Loop" führt vier Kilometer über einen Bohlenweg durch die Mangrovensümpfe.

John Pennekamp Coral Reef State Park, 102601 Overseas Highway (MM 102.6), Key Largo, FL 33037. Parkgebühr $ 8.

Passe-A-Grille

Vom amerikanischen Reisebewertungsportal TripAdvisor (www.tripadvisor.com) wurde **St. Pete** – damit ist die gesamte Küste rund um **St. Petersburg** gemeint – im März 2012 zum besten Strand der USA gewählt. Der südlichste Spot des Strandgeländes heißt **Passe-A-Grille** und erinnert mit seinen Dünen und Gräsern ein kleines bisschen an die Nordseeinsel Sylt – nur ist es hier bedeutend wärmer. Orientieren Sie sich am „Pink Palace", dem **Don CeSar Hotel** [3400 Gulf Bou-

Wer sich in St. Pete auf den Holzweg begibt, der landet direkt am Strand

levard, St. Pete Beach, FL 33706, Tel. +1-727-360 18 81, Reservierungen unter +1-800-282 11 16] und halten Sie sich südlich. Am Passe-A-Grille gibt es keine Lifeguards, das Wasser ist aber flach und sanft, somit auch für kleinere Kinder gut geeignet. Achten Sie im Sommer unbedingt auf Schildkröten, die ihre Nester im Sand bauen. Die Tiere stehen unter Naturschutz.

Anfahrt: Geben Sie 3400 Gulf Boulevard, St. Pete Beach, FL 33706 in den Navi ein und fahren Sie weiter südlich. Der Strand erstreckt sich über 22 Blocks, ab der 22nd Avenue.

Flüchtige Kunstwerke im Sand

Treasure Island ist bekannt als Floridas Hauptstadt der Sandskulpturen. Hier werden jährlich Wettbewerbe veranstaltet – bei einem solchen wurde auch die größte Sandburg aller Zeiten erbaut, die sogar im Guinnessbuch der Rekorde steht. **Sanding Ovations – Master Sand Sculpting Competition and Music Festival** nennen die Macher das Happening und laden im November 2012 wieder an den Strand. Lassen Sie sich das sandige Spektakel auf keinen Fall entgehen. Mehr über das Strandfestival im Internet unter www.sandsculptingfestival.com.

Sanibel Island

Eigentlich ist die gesamte Insel **Sanibel** im **Golf von Mexiko** vor Fort Myers ein einziger Strand. Allerdings gibt es nur fünf „public accesses", also öffentliche Zugänge zum Wasser mit den dazugehörigen Parkplätzen. Einer der Parkplätze liegt am südlichsten Teil der Insel, direkt an der Spitze. Von dort sind es nur noch wenige Schritte ans Wasser. Wer Appetit auf eine leckere

Im Jahr 1884 leuchtete das Sanibel Island Light zum ersten Mal

Auf dem Drahtesel über die Inseln

Die Inseln der Westküste sind bedeutend ruhiger und weitläufiger als die angesagten Keys im äußersten Süden Floridas. Die Uhren scheinen hier ein wenig langsamer zu ticken. Auf Sanibel Island kann sogar auf das Auto verzichtet werden, denn meilenweite Fahrradwege und diverse Fahrradverleiher (z. B. Finnimores) laden zu ausgedehnten Fahrten über die Insel bis nach Captiva Island ein. Kinderräder, Fahrräder mit Kindersitz, Tandems … je origineller, desto besser! Auch Familienkutschen können Sie bei Finnimores mieten. Ein Fahrrad für einen Tag gibt es ab ca $ 14.
***Finnimores**, 2353 Periwinkle Way (im Winds Center), Sanibel Island, FL 33957, Tel. +1-239-472 55 77, www.finnimores.com. Tägl. 9-16 Uhr, siehe auch S. 108.*

Stärkung hat, geht ins **Lighthouse Café** [362 Periwinkle Way, Sanibel Island, FL 33957, Tel. +1-239-472 03 03, www.light housecafe.com. Tägl. 7-15 Uhr], wo es laut eigener Aussage des Restaurants das „beste Frühstück der Welt gibt".

Muscheln sammeln
Breit und in herrlichem Hellbeige erstreckt sich der Strand bis an die Nordspitze der Insel. Das Wasser ist sanft

und kommt in leichtem Blau mit kleinen weißen Schaumkrönchen daher. Manchmal haben Himmel und Wasser hier genau die gleiche Farbe und das Weiß der Schaumkronen spiegelt sich in den Wolken wider. Hier kann man wunderbar entspannen, z. B. beim Muschelnsammeln. Denn die findet man hier in der ganzen Palette: Giant Heart Cockle, Buttercup Lucine, Florida Cone und die berühmte Calico Scallop, eine Muschel, die durch „Manche mögen's heiß" Geschichte schrieb. Es gibt noch die Lightning Whelk, die einzige „linkshändige" Muschel – eine Muschel, deren Öffnung mit der linken Hand gegriffen werden kann –, die in Florida zu finden ist. Sollten Ihre Kinder gar nicht genug von den Sammlerstücken bekommen, überlegen Sie doch, im kinderfreundlichen **Sundial Beach and Golf Resort** [1451 Middle Gulf Drive, Sanibel Island, FL 33957, Tel. +1-239-472 41 51, www.sanibelcollection.com/sundial_resort] ein Zimmer zu buchen. Dieses weitläufige Resort direkt am Strand lockt Kinder und Jugendliche mit ein paar einfachen Tricks in einen kleinen, aber sehr feinen Pool. Auf pinkfarbenen Luftmatrazen und mit knallgelben Schwimmreifen geht es auf der hoteleigenen Muschelrutsche runter, die für einige Kinder manchmal viel spannender ist als der Strand. Sie haben außerdem innerhalb des Resorts die Möglichkeit, in Ferienwohnungen unterzukommen. Und Papi kann endlich mal Golf spielen.

Anfahrt: Über den McGregor Boulevard und die Sanibel Causeway Road führt der Weg vom Festland auf die Insel und den Periwinkle Way. Für die Nutzung der Brücke müssen Sie $ 6 zahlen.

Die Strände der ruhigen und naturbelassenen Insel Sanibel sind kilometerlang

Clearwater Beach

Pier 60 ist definitiv der „place to be", also ein Ort, den man nicht verpassen sollte. Was für ein Stranderlebnis! Echte Piratenschiffe fahren am Horizont, so als läge Captain Jack Sparrow da draußen auf der Lauer. Der Strand ist herrlich breit und der Sand fein und fast weiß. Das Wasser im **Golf von Mexiko** ist ein paar Grad wärmer als am Atlantik und viel sanfter. Leider gibt es am Strand von **Clearwater** wenig Schatten spendende Palmen oder Bäume. Achten Sie auf Schilder, die oben am Strand nahe der Straße und den Parkplätzen stehen. Für $ 25 können Sie für den ganzen Tag einen Schirm mit zwei Stühlen ausleihen. Für Kinder gibt es einen riesigen Spielplatz, auf dem jede Menge Klettergerüste und andere

> ## Poppa's BBQ
> *Sie werden sich alle zehn Finger lecken, wenn Sie einmal die saftigen und langsam geräucherten Rippchen im Memphis Style bei Poppa's serviert bekommen. Es gibt kaum einen Platz an der Westküste Floridas, wo die Ribs besser schmecken. Es heißt sogar: Das Glück findet sich in der 49ten Straße. Und das stimmt. Probieren Sie es aus!*
> ***Poppa's BBQ**, 12211 49th Street North Clearwater, FL 33762, Tel. +1-727-954 88 71, www.poppasq.com. Mo-Sa 11.30-16 Uhr.*

Herausforderungen warten. Sollte das zum Austoben noch nicht reichen, stehen zwei aufgepumpte meterhohe Wasserrutschen bereit. Kaufen Sie am besten eine Tageskarte für ca. $ 20, dann kann Ihr Kind die herrliche Rutsche, so häufig es möchte, herunterjagen. Natürlich ist an diesem Strand alles vorhanden, was das Elternherz begehrt: Toiletten, Duschen, Parkplätze, Restaurants, Souvenirshops und eine entzückende kleine Marina gleich beim Parkplatz.

Leckere Fische, schlaue Delfine und ein hungriger Hai

Mögen Sie Fisch? Dann werfen Sie doch mal einen Blick auf die Karte von **Crabby Bill's** [37 Causeway Boulevard, Clearwater Beach, FL 33763, Tel. +1-727-210 13

Himmelhoch und mit Überschlag – ein toller Spaß für Kinder!

Ein sicheres Gefühl: Die wachsamen Lifeguards haben den Strand im Blick

13, www.crabbybills.com. So-Do 11-22, Fr und Sa bis 23 Uhr]. Jetzt aber Action! Wie wär's mit spannenden **Delfinbeobachtungen** auf hoher See? Chancen, die schlauen Tiere in freier Wildbahn zu sehen, stehen gut [Mega Bite Dolphin Cruise, 25 Causeway Boulevard, Clearwater Beach, FL 33767, Tel. +1-727-724 42 99, www.clearwatersharkboat.com. Erw. $ 18,69, Kinder (3-12 J.) $ 13,09]. Mit einem Boot, das wie ein hungriger Hai aussieht, geht es hinaus in die Bucht. Wer dann doch lieber Pirat sein möchte, der entert **Captain Memo's Pirate Vessel** [Clearwater Marina, 25 Causeway Boulevard, Clearwater Beach, FL 33767, www.captainmemo.com, Tel. +1-727-446 25 87. Erw. $ 34, Jugendliche (13-17 J.) $ 29, Kinder (bis 12 J.) $ 24 oder (bis 2 J.) $ 9] und sticht mit einer ganzen

Horde wildgewordener Seeräuber in die See.

Von Kleinartisten und Lebenskünstlern

Sunsetter treffen sich bereits zwei Stunden vor dem Sonnenuntergang am Pier 60 und schauen dem bunten Treiben von Kleinartisten und anderen Lebenskünstlern zu. Kennen Sie den grünen Blitz? Ein seltenes optisches Phänomen, das überall an den Küsten Amerikas Abend für Abend gesucht wird (siehe auch Tour 8, S. 74).

Anfahrt: *Geben Sie Pier 60, 1 Causeway Boulevard, Clearwater Beach, FL 33767 in den Navi ein. Weitere Infos: Tel. +1-727 449 10 36, www.sunsetat pier60.com.*

Bowman's Beach

Ein merkwürdiges Bild bietet sich den Neuankömmlingen am **Bowman's Beach**: Alle Spaziergänger laufen oder stehen vor- und runterge- beugt, die Hand im Sand. Diese Haltung nennt man „stoopen". Stooper sind Menschen, die an den Stränden von **Sanibel Island** Muscheln sammeln. Der Bowman's Beach hoch oben an der nörd- lichen Spitze Sanibels ist die Nummer 1, das wahre Dorado für Fans von beson- ders schönen und außergewöhnlichen

Fette Ausbeute

Damit die Muschelausbeute auch wirklich exquisit ist, gibt es ein paar kleine Tricks, die Sie beachten sollten: Sammeln Sie am besten eine Stunde vor oder eine Stunde nach „low tide", also Ebbe. Außerordentlich gute Exemplare finden sich auch 24 bis 48 Stunden nach einem Sturm. Vergessen Sie nicht, einen großen Beutel für die Meeresschätze dabei zu haben und stoopen Sie!

Muscheln. Am 17. Februar 2012 haben sich hier sogar Hunderte Stooper zusam- mengefunden, um in das Guinnessbuch der Rekorde aufgenommen zu werden.

Am Wasser wandern

Doch Bowman's Beach ist nicht nur fürs Muschelnsammeln einzigartig. Meilenlanger, weißer Sandstrand lädt zum Wandern ein und das Wasser mit seinen sanften Wellen und dem flach abfallenden Ufer ist besonders für kleine Kinder geeignet.

Wenn dann am Abend die Sonne direkt vor Ihrer Nase ins Meer fällt, entdecken Sie vielleicht noch eine ganz seltene Muschel.

Anfahrt: *Richtung Norden über die Sanibel-Captiva Road, dann den Schildern zum Bowman's Beach Par- king folgen. Parkgebühr $ 2 pro Std.*

Typisch: die vorgebeugten Muschel- sucher am Bowman's Beach

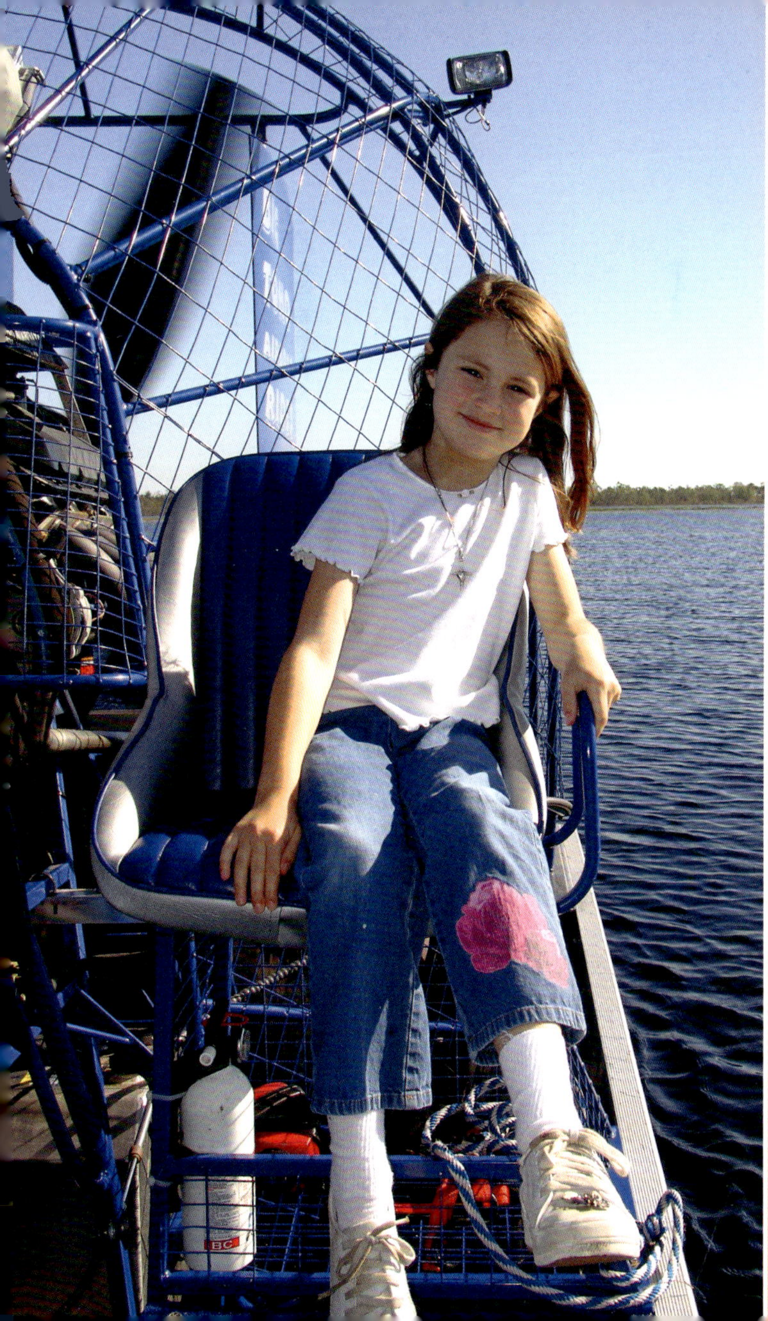

ZEHN TOUREN, DIE ALLEN SPASS MACHEN

Tour 1: Im Sonnenschein quer durch Orlando

I-Ride Trolley • Minigolf Pirate's Cove • T.G.I. Friday's • Fun Spot Action Park • Helikopterflug • Baseballspiel • Slingshot

Wo: mitten in Orlando entlang des International Drive – Wie: mit dem Trolley-Bus und/oder dem eigenen Auto – Dauer: Tagesausflug – Nicht vergessen: Sonnenschutz, Trinkwasser und Kamera

Ein sonniger Tag in Orlando: Ihre Familie schwebt in erwartungsvoller Vorfreude auf die Dinge, die da kommen sollen, und ein Programm, das sich sehen lassen kann. Orlando hat neben sieben großen und tagesfüllenden Freizeitparks auch über 100 kleinere – und nicht minder spannende – Attraktionen im Angebot. Möchten Sie mal einen Tag ohne Auto verbringen? Das ist in „The City Beautiful", der schönen Stadt, wie die Florida-Metropole auch liebevoll genannt wird, kein Problem. Kaufen Sie sich für $ 4 pro Person ein „**I-Ride Trolley**"-**Tagesticket** [www.iridetrolley. com, siehe Kasten S. 104] – Kinder bis 12 Jahre fahren in den Bussen umsonst. Kleiner Tipp: Drucken Sie sich den „I-Ride Trolley"-Fahrplan bereits vor der Reise aus, Sie finden ihn online [www. iridetrolley.com/pdf/service.pdf]. Dann kann es jederzeit und gut durchgeplant losgehen. Orlando wartet schon!

Minigolfen mit Piraten

Die **Pirate's Cove** [8501 International Drive, Orlando, FL 32819, Tel. +1-407-352 73 78, www.piratescove.net. Tägl. 9-23.30 Uhr. Preisbeispiele: Captain's Course Erw. $ 11,50, Kinder (bis 12 J.) $ 10.95, beides plus Tax (Kasten S. 26), 36-Hole Adventure Erw. $ 18,95, Kind $ 17.95], eine Minigolfanlage der Extraklasse, erwartet Sie mit abenteuerlichem Spaß, „swashbuckling fun", an der

Einlochen: Caesar auf dem Pirate's-Cove-Minigolfplatz in Orlando

Achtung, Sahnetorte im Anflug!

SpongeBob, Dora und Cosmo kennen Ihre Kinder sicherlich. Im Nickelodeon Suites Resort gibt es neben den Begegnungen mit den Stars auch herrliche Schleim- und Tortenschlachten. Rund 568.000 Liter „slime" und 10.000 Sahnetorten verbrauchen die kleinen Gäste bei dem Spaß pro Jahr. Das wird Ihre Bande mit Sicherheit auch begeistern.
Nickelodeon Suites Resort, *14500 Continental Gateway, Orlando, FL 32821, Tel. +1-407-387 54 37, www.nickhotel.com.*

„I-Ride Trolley"-Station 20 North. Es ist ein wahres Juwel: Hier erwachen die legendären Gestalten einstmals gefährlicher Piraten wieder zum Leben, liegen die Schätze tief vergraben, wird durch unheimliche Höhlen hindurch und an rauschenden Wasserfällen vorbei gespielt, hier rollt der Ball an Seeleuten vorbei, die faul in Hängematten abhängen, den Berg hinunter oder landet in üppiger Dschungelvegetation. Da wird das Minigolfen fast zur Nebensache. Aber auch nur fast! Schauen Sie sich während des Spaziergangs durch die abenteuerliche Anlage mal um, gleich hinter dem Minigolfplatz von Pirate's Cove sehen Sie die rosarot in den Himmel aufragende Hotelwelt des **Holiday Inn Resort – The Castle** [8629 International Drive, Orlando, FL 32819, Tel. +1-407-345 15 11, oder kostenfrei in den Staaten Tel. 800-952 27

85], vielleicht eine Idee für Ihren nächsten Besuch?

Kleinigkeit zwischendurch

Zum Mittagessen empfiehlt sich ein ungezwungener Besuch bei **T.G.I. Friday's** [8955 International Drive, Orlando, FL 32819, Tel. +1-407-903 95 56, www.tgifridays.com. Tägl. 11-2 Uhr]. Ob Salat oder kleine Appetizer, ob saftiger Burger oder gut abgehangenes Angus-Steak – auf der umfangreichen Karte findet sich immer etwas Köstliches. Kinder können aus dem „kid's menu", der Kinderkarte, wählen. Und kriegen, wie in allen amerikanischen Restaurantketten, gleich Malstifte und Papier auf den Tisch gelegt. Eltern freuen sich in den meisten T.G.I. Friday's über eine freie und kostenlose Wi-Fi-Verbindung. Doch bei all den Nebenbeschäftigungen verpassen Sie bloß nicht die Brownie Obsession®,

Kindermenü umsonst

In fast allen Restaurants in Florida gibt es für Kinder eine Extrakarte (kid's menu), die Portionen und Gerichte für Kinder bis 10 oder auch 12 Jahren anbietet. In einigen Restaurants gibt es spezielle Tage, an denen Kinder ganz umsonst essen, wenn die Eltern dort ebenfalls speisen und sich die Kleinen etwas von der Kinderkarte aussuchen. Im Internet finden Sie unter **www.mykidseatfree.com**, *welches Restaurant an welchem Tag kostenloses Essen für Kinder anbietet.*

ein unglaubliches Dessert. Eine Portion reicht übrigens locker für vier Personen. Oder etwa nicht?

Family-Fun

Aufgesprungen auf den „I-Ride Trolley" geht's südwärts zum Stop 06. Der **Fun Spot Action Park** [5551 Del Verde Way, Orlando, FL 32819, Tel. +1-407-363 38 67, www.funspotattractions.com. Eintritt frei. Es wird pro Fahrt bezahlt, zwischen $ 3-6] wartet mit vier Gokart-Bahnen, 13 Fahrgeschäften wie z. B. einem Karussell für die Kleineren und jeder Menge weiterer Angebote auf. Vom „orlando Sentinel" (www.orlandosentinel.com) zur „Best Budget Attraction" in Orlando, also zum besten und dabei günstigen Zeitvertreib, ausgezeichnet. Besuchen Sie den Fun Park aber unbedingt, bevor Sie die großen Freizeitparks erobern. Danach finden Ihre Kinder das sonst vielleicht zu langweilig.

Aus der Vogelperspektive

Ganz und gar nicht langweilig, sondern eher total abgehoben ist die Idee eines Helikopterfluges mit der ganzen Familie mit **Air Florida Helicopter Charters Inc.** [8990 International Drive, Orlando, FL 32819, Tel. +1-407-354 14 00, www. airfloridahelicopter.com]. Zu teuer? Günstiger als gedacht! Für $ 25 pro Person, also $ 100, kann eine vierköpfige Familie abheben und sich während eines 8-Meilen-Flugs u. a. SeaWorld, Discovery Cove oder Orange County Convention Center aus der Vogelperspektive anschauen. Ein toller Blickwinkel! Also, wie wär's? Trauen Sie sich? Es ist schon ein irres Gefühl, wenn der Helikopter senkrecht nach oben in die Luft startet.

> ### Whole Foods – alles Bio oder was?
>
> *Biosushi, Bisonsteak, gewaschener und fertig gezupfter, ökologisch korrekt angebauter Salat, Holzbretter aus schnellwachsendem Bambus, T-Shirts aus Biobaumwolle, Kosmetik, die nicht an Tieren ausprobiert wurde, Tee, der fair gehandelt wird – die Produktliste liest sich politisch korrekt und appetitanregend.*
>
> *In den Whole Foods Markets, einer Organic Supermarket Chain, also einer Biosupermarktkette, finden umweltbewusste Kunden seit 1980 ein üppiges und stetig wachsendes Angebot. Ein echter Gegentrend zu den Junkfood- und Burgerbuden in den Vereinigten Staaten. Selbstversorger sollten unbedingt online nachschauen, ob einer der angesagten Supermärkte in ihrer Nähe liegt.*
>
> ***Whole Foods Market**, 8003 Turkey Lake Road, Phillips Crossing, Orlando, FL 32819, Tel. +1-407-355 71 00, www.wholefoodsmarket.com, Tägl. 8-22 Uhr.*

Und bei klarer Sicht haben Sie dann den totalen Über- und Durchblick.

Baseball: Amerikas Volkssport

Was wäre Amerika ohne Baseball? Wohl kaum vorstellbar. Baseball ist bei Weitem die beliebteste Sportart der Vereinigten

Staaten. Kinder beginnen fast noch im Krabbelalter, sich dafür zu begeistern. Mütter, Väter und Großeltern sitzen gemeinsam am Spielrand, wenn auf dem Feld die Bälle geschlagen werden. Eine umfangreiche Major League (www.mlb.com) lockt die Amerikaner in die Stadien und vor die Fernsehapparate, wenn große Teams wie die Yankees aus New York oder die Braves aus Atlanta spielen.

Sitten und Gebräuche der Einheimischen

Wer in Amerika Urlaub macht, der sollte – auch wenn das Interesse nicht riesig ist – zumindest einmal ein Spiel im Stadion besuchen. Es ist ein typisch amerikanisches Freizeitvergnügen, bei dem man die Einheimischen ganz besonders gut kennenlernt. Sämtliche Altersgruppen sitzen bunt durcheinandergewürfelt, nebenbei werden Hot Dogs, Burger und auch mal ein Bier verzehrt. Gibt es

einen „home run", spielt die Musik auf und einstudierte Klatschtänze werden vorgetragen. Besonders beliebt bei den Amerikanern ist die „kiss cam". Sollten Sie also Ihr eigenes Antlitz auf dem Riesenbildschirm im Stadion erkennen, dann müssen Sie Ihren Partner oder Ihr Kind küssen. Auch Barack und Michelle Obama hat die „kiss cam" schon mal eingefangen. Auf jeden Fall lautet die Devise unter allen Umständen: mitmachen! Im Frühjahr findet in Orlando das **Baseball Spring Training**, also die Frühjahrstrainingsspiele, der Atlanta Braves [ESPN Wide World of Sports, 700 South Victory Way, Kissimmee, FL 34747, Tel. +1-407-541 56 00, espnwwos.disney.go.com] statt. Vielleicht eine gute Idee für Sie?

Abendspaziergang

Abends leuchtet und blinkt der International Drive in Orlando ein kleines

Ein echtes Urlaubshighlight: ein Baseballspiel einmal live zu erleben

bisschen wie die Spiel- und Wüstenstadt Las Vegas. Bei milden Temperaturen schlendert es sich besonders gut die Straße entlang. Viele Krimskrams- und Souvenirgeschäfte haben noch geöffnet. Günstige T-Shirts und andere Andenken können hier preiswerter als etwa in den großen Parks gekauft werden. Sollten Sie in Shoppingmeilen bereits kräftig zugeschlagen und Bedenken wegen Ihres Koffervolumens haben – auch günstige Reisetaschen gibt es hier zu kaufen.

Adrenalinkick vorm Schlafengehen

Vielleicht braucht Ihre Familie als Krönung eines gelungenen Urlaubstages mit vielerlei Erlebnissen jetzt noch einen adrenalingeladenen Absch(l)uss. Den gibt es in Orlando im **Magical Midway Thrill Park** [7001 International Drive, Orlando, FL 32819, Tel. +1-407-370 53 53, www.magicalmidway.com. Tägl. 12-24 Uhr] an der „I-Ride Trolley"-Station 12 North. Die weltgrößte „slingshot", also Schleuder, bringt Ihren Kreislauf in Wallung und Ihr Herz zum Hämmern [$ 25 pro Person]. Schnallen Sie sich und Ihre Liebsten an, lehnen Sie sich zurück und erleben Sie beim Abschuss einen Moment der Schwerelosigkeit. 120 m über dem Boden haben Sie einen prächtigen Rundumblick aufs erleuchtete Orlando und den International Drive – na ja, vorausgesetzt, Sie trauen sich, die Augen zu öffnen. Definitiv nicht jedermanns Sache. Wer nicht will, bleibt auf dem Boden und wundert sich über die vielen Mutigen, die verzweifelt, überrascht, jubelnd oder auch ekstatisch in der lauen Nacht am International Drive in Orlando schreien.

Kreuzfahrten in die Karibik oder auf die Bahamas

„Alle Mann an Bord!", kann es für die ganze Familie heißen, wenn Sie sich dazu entschließen eine Kreuzfahrt zu buchen. Die großen Kreuzfahrthäfen Port Canaveral, Fort Lauderdale und Miami bieten jede Menge Traumreiseziele an. Wie wäre es zum Beispiel mit der „Norwegian Epic", dem drittgrößten Kreuzfahrtschiff der Welt? Buchen Sie sich als Familie mit einem oder zwei Kindern eine der schicken Balkonkabinen, die sind nicht nur praktisch und modern, sondern auch gemütlich mit Sofa und Flatscreen, Schreibtisch und Dusche ausgestattet. Eine 7-Nächte-Route ab/bis Miami Richtung östliche Karibik mit St. Maarten, St. Thomas, Amerikanischen Jungferninseln, Nassau und den Bahamas und zurück gibt es für eine vierköpfige Familie mit den Kindern in der Kabine der Eltern ab ca. € 1.500. Inklusive diverser Freizeitvergnügen wie einer überdimensionaler Wasserrutsche auf dem Pooldeck, einer Kletterwand fürs Freeclimbing, einem Kids- und Teenager-Club, 20 Restaurants und sogar einer Icebar. Essen ist inklusive und ein Besuch bei der Blue Man Group im Epic Theater ebenfalls.
Infos unter www.ncl.de.

Tour 2: Orlando im Regen

Believe it or not! • WonderWorks • Bahama Breeze • iFLY
• Monkey Joe's at Pointe Orlando • World Bowling Center

Wo: Orlando, rund um den International Drive – Wie: mit dem „I-Ride Trolley" Dauer: Tagesausflug – Nicht vergessen: Socken für Monkey Joe's at Pointe Orlando

Florida ist der Sunshine State – schon klar. Trotzdem gibt es auch hier ab und zu Tage, an denen das Wetter mal nicht passt, es sogar regnen kann. Und dann? Was macht man mit Kindern im Sonnenstaat, wenn die Sonne nicht so recht will? Nun, natürlich Familienprogramm – allerdings nur indoor. Und, Sie werden es kaum glauben, auch überdacht hat Orlando ein äußerst vielfältiges Programm anzubieten.

Glaub's oder glaub's nicht!

Am International Drive ist **Ripley's Believe it or not! Odditorium!** [8201 International Drive, Orlando, FL 32819, Tel. +1-407-345 05 01, www.ripleys. com/orlando. Tägl. 9.30-14 Uhr. Erw. $ 19,99, Kinder (4-12 J.) $ 12,99. Rabatt bei Onlinebestellung: Erw. zahlen $ 3, Kinder $ 2 weniger] kaum zu übersehen, das Anwesen ist doch wie auf Sand gebaut und schon ein kleines bisschen eingesunken. Eine wirklich schräge Geschichte! Aber haben Sie keine Bedenken – das Gebäude ist komplett stabil, auch wenn das kaum zu glauben ist. Hereinspaziert in ein Haus voller

unglaublicher Geschichten. Nehmen Sie Platz auf einem Riesenstuhl, der jeden noch so großen Erwachsenen zum Kleinkind macht. Messen Sie sich oder Ihre Zwerge mit Robert Wadlow, dem größten Mann der Welt, der ganze 2.72 m groß war und 222 kg auf die Waa-

Wadlow war zu seinen Lebzeiten mit 2,72 fast doppelt so groß wie David

ge brachte. Erschrecken Sie nicht beim Anblick von Schrumpfköpfen und einem Schlangenmenschen mit gespaltener Zunge. Vielleicht versuchen Sie mal, das typische Touristenehepaar zu finden, das hier irgendwo im Haus herumläuft – aber passen Sie auf, dass Sie bloß nicht ins Bild rennen. Das mögen die beiden nämlich gar nicht.

Nehmen Sie anschließend die Treppen und staunen Sie über Gemälde aus Toastscheiben, über ein Portrait der Popdiva Beyonce aus Zucker, ein Modell des kleinen Roboters aus „Wall-E", das aus gebrauchten Autoteilen nachgebaut wurde … und jede Menge andere Merkwürdigkeiten. M. C. Eschers Werke mit schwarzweißen Echsen oder ewig aufsteigenden Treppen sind immer für einen zweiten Blick gut.

Hals über Kopf

Ein kleines bisschen weiter entlang des International Drive haben Sie dann ein plötzliches Déjà-vu-Erlebnis. Das kennen Sie doch … Waren Sie nicht eben schon dort? Schauen Sie mal ganz genau hin. Fragen Sie Ihre Kinder, ob sie es wiedererkennen. „Nein, Mami, dieses Haus versinkt doch nicht im Boden, dieses hier steht auf dem Kopf! Das ist doch ganz anders!" Na ja, auf den ersten Blick erscheint die Villa von **WonderWorks** [9067 International Drive, Orlando, FL 32819, Tel. +1-407-351 88 00, www.wonderworksonline.com/orlando. Tägl. 9-24 Uhr. Erw. $ 24,99, Kinder (4-12 J.) $ 19,99] zumindest uns Eltern ähnlich schräg, ist aber doch vollkommen anders. Nichts wie hinein in diese verkehrte Welt. Erleben Sie gemeinsam, wie

Ganz schön verrückt: WonderWorks, eine Art Museum für Ungewöhnliches

Saftig und lecker!

Schon auf dem Parkplatz riecht es derart gut, dass man meinen könnte, es werden extra Duftstoffe in die Luft gesprüht, um Appetit zu machen. Aber das hat das Brick House gar nicht nötig. Köstlich zarte Steaks und leckere Desserts sind Grund genug, um einen großen Kamin herum Platz zu nehmen. Und draußen auf der Terrasse knistert ein wärmendes Lagerfeuer. Kinder können sich prima ein Gericht teilen.

Brick House, *8440 International Drive, Orlando, FL 32819, Tel. +1-407-355 03 21. Tägl. ab 11 Uhr.*

sich ein Hurrikan anfühlt. Halten Sie sich bloß fest! Und haben Sie schon mal ein Erdbeben miterlebt? WonderWorks macht's möglich und Sie müssen dabei gar keine Angst haben. Nehmen Sie einfach Platz im Erdbebensimulator! Ihr Kind möchte so gern Astronaut werden? Dann soll es doch den Kopf schon mal fürs Erinnerungsfoto in einen Astronautenanzug stecken. „Cheese!", also lächeln, bitte! Haben Sie sich schon immer gefragt, wie bequem ein Fakir auf einem Nagelbett wirklich liegt? Probieren Sie es aus! Das Geheimnis: nicht bewegen, sonst piekst es. Ein Stück weiter wartet ein dreistöckiger, neonerleuchteter Hochseilgarten. Und lassen Sie den Shop ja nicht links liegen. Es gibt wirklich tolle kleine Geschenke wie etwa den Magic Worm, einen Wurm am Faden,

der sich durch die Finger schlängelt, wenn man den Trick mal raus hat. Oder T-Shirts mit dem WonderWorks-Haus zum Ausmalen inklusive wasserlöslicher Stifte. Einmal in die Wäsche gepackt, sind die Klamotten wieder blütenrein und können dann erneut ausgemalt werden. Echte Wunderwerke eben.

Bahama-Feeling

Direkt am International Drive, an der „I-Ride Trolley"-Station 21 North, liegt das tropische Restaurant **Bahama Breeze** [8849 International Drive, Orlando, FL 32819, Tel. +1-407-248 24 99, www. bahamabreeze.com. So-Do 11-1, Fr/Sa bis 1.30 Uhr], wo man prima auf der hölzernen Veranda einen stärkenden Zwischenstopp einlegen kann. Probieren Sie unbedingt die Coconut Shrimps und gönnen Sie Ihren Kindern einen der leckeren Shakes. Dazu die karibisch anmutende Musik – spätestens dann scheint sicherlich wieder die Sonne.

Pianobar der anderen Art

Wer seine Kinder bereits für zwei Stunden am Abend allein bzw. mit Kinderbetreuung im Hotel lassen kann und Lust hat zu singen, der kann sich auf einen spannenden musikalischen Abend im Howl at the Moon freuen, einer mitreißenden Pianobar.

Howl at the Moon Orlando, *8815 International Drive, Orlando, FL 32819, Tel. +1-407-354 59 99, www.howlatthemoon.com. Fr/Sa ab 18, So 19-2 Uhr.*

iFLY – ich fliege

Leicht, beschwingt und mit einem sonnigen Lächeln im Gesicht, während es draußen womöglich regnet, können Sie in Orlando ganz leicht abheben – auch ohne Flügel. Wo soll denn das gehen? Nur wenige Minuten den International Drive entlang, an der „I-Ride Trolley"-Station 8 South, sehen Sie einen großen blauen Turm in den Himmel über Orlando ragen. Es ist die Flugröhre mit Windkanal und Windmaschine von **iFLY** [6805 Visitors Circle, Orlando, FL 32819, Tel. +1-407-903 11 50, www.iflyorlando. com. Tägl. 10-22 Uhr. Zwei Erstflüge $ 54,95 pro Pers. (ab 3 J.)]. Vereinbaren

Im iFLY können Sie am eigenen Leib spüren, wie sich Fliegen anfühlt

Sie unbedingt vorher einen Termin, denn diese Flugstunden sind wirklich heiß begehrt und die Warteliste meist lang. Haben Sie einen Termin ergattert, heißt es dann vor Ort reinschlüpfen in den schicken Fliegeranzug und die Fliegerbrille fix auf die Nase gesetzt. Eine kurze Instruktion, die Sie Ihren Kindern eventuell übersetzen sollten, und dann geht's auch schon mit ausgebreiteten Armen und Beinen rauf auf den Windzug – Sie fliegen!

Affenalarm in Orlando

Natürlich ist iFLY nichts für Kleinkinder. Die haben eventuell mehr Spaß bei **Monkey Joe's at Pointe Orlando** [9101 International Drive, Orlando, FL 32819, Tel. +1-407-352 84 84, www.monkeyjoes. com/pointe-orlando. Mo-Sa 10-21, So ab 11 Uhr. Erw. frei, Kinder (ab 3 J.) $ 9,49 oder (unter 3 J.) $ 5,99], einem bunten, aufblasbaren Indoorspielplatz an der „I-Ride Trolley"-Station North 24. Denken Sie daran, saubere Socken für die kleinen Füße parat zu haben. Hier dürfen Sie Ihre Kinder (bis 12 J.) in die erfahrenen Hände der Monkey-Joe-Mitarbeiter geben. Und während sich die Kleinen dann mal so richtig austoben, in der aufgeblasenen Hüpfburg rutschen und klettern, schreien und brüllen – kurz: herumtollen wie kleine Affen –, lehnen Sie sich einfach mal zurück und genießen den einen Moment der Ruhe in der Elternlounge mit kostenlosem Wi-Fi und Computerstationen. Vielleicht ja eine gute Gelegenheit, schnell mal eine E-Mail an die Familie und die Freunde zu Hause zu schicken. Und ja, manchmal brauchen auch Eltern eine Auszeit. Besonders im Urlaub, wenn sie

Crocodile Dundee für einen Tag

Keine Angst vor Riesenechsen? Dann ist dies eventuell eine gute Idee für die größeren Kinder. Sie können nämlich im Gatorland einen Tag lang als Reptilien-Trainer „arbeiten". Der Themenpark widmet sich dem Leben dieser missverstandenen Geschöpfe und bietet den Besuchern eine Möglichkeit, seine tierischen Stars näher kennenzulernen. Zu den Aufgaben eines „Jungtrainers" gehört es u. a., die schweren Tiere von einem Ort zum anderen zu bewegen und den erwachsenen Trainern bei ihren täglichen Aufgaben zu helfen. Sicher ein unvergessliches Erlebnis, von dem man allen Freunden zu Hause noch lange berichten kann! Zum Abschluss erhalten die mutigen Teilnehmer ein Zertifikat. Der Rest der Familie schlendert derweil durch den Gatorpark. Mehrmals täglich können Sie tolle Shows wie z. B. „Gator Jumparoo", „Gator Wrestlin'" oder „Critters on the go" besuchen.

Gatorland, *14501 South Orange Blossom Trail, Orlando, FL 32837, Tel. +1-407-855 54 96, www.gatorland.com. Tägl. 9-18 Uhr. Erw. $ 24,99, Kinder (3-12 J.) $ 16,99.*

die lieben Kleinen den ganzen Tag an der Backe haben.

Strrrrrike! Alle zehn!

Können Sie noch? Oder ist die Luft raus? Wenn Ihre Kleinen keine Energie mehr freisetzen können, ist der Abend hiermit wohl beendet. Sollte jedoch noch genügend Power bis zum verdienten Schlaf vorhanden sein, dann ist jetzt eventuell Bowling, die amerikanische Version des deutschen Kegelns, genau das Richtige. An der „I-Ride Trolley"-Station North 15 liegt das **World Bowling Center** [7540 Canada Avenue, Orlando, FL 32819, Tel. +1-407-352 26 95, www.world bowlingcenter.com. Tägl. 11-23 Uhr. Erw. $ 4, Kinder (bis 12 J.) $ 3 pro Pers./ Spiel, Verleih Schuhe $ 3, Socken $ 2,50], wo Sie auf einer der 36 Bahnen versuchen können, einen Strike zu schaffen. Das macht einen Riesenspaß.

Bowling ist übrigens, genau wie Baseball, ein typisch amerikanisches Freizeitvergnügen.

Auch für Kinderhände findet sich beim Bowlen eine passende Kugel

Tour 3: Bus, Boot & Eisenbahn

*Diva Duck Amphibious Tours • Sloan's • Shopping • Panera Bread
• South Florida Science Museum • Flagler Museum • The Breakers*

Wo: West Palm Beach und Palm Beach – Wie: mit dem Auto – Dauer: Tagesausflug – Nicht vergessen: Wechselkleidung und angemessene Kleidung für den Abend im Restaurant

Starten wir den Tag laut und lustig mit den **Diva Duck Amphibious Tours** [600 South Rosemary Avenue, West Palm Beach, FL 33401, Tel. +1-561-844 41 88, Ticketreservierung unter +1-800-979 33 70 oder online unter www.divaduck.com. Erw. $ 25, Kinder (5-15 J.) $ 15 oder (unter 5 J.) $ 5], einer etwas anderen Rundfahrt. Nehmen Sie Platz in diesem unglaublichen Gefährt, einer Kreuzung aus Bus und Boot. Und so lautet dann auch der Slogan: „It's a boat and a bus. It's a Diva Duck!" Die musikalische Stadttour beginnt am City Place in **West Palm Beach** und führt Sie 75 Minuten lang abwechselnd über Land und Wasser. Es geht vorbei an der **Society of the Four Arts**, einem Kulturcenter – übrigens mit einer tollen Kinderbücherei [2 Four Arts Plaza, Palm Beach, FL 33480] – der

Originelles Vergnügen: Stadtrundfahrt mit einem Amphibienfahrzeug

Feuchte Abkühlung

Wenn die Wellen am Atlantikstrand mal wieder zu hoch sind, dann ist ein Ausflug in den Calypso Bay Waterpark angesagt. Es ist ein Wasserspielplatz, der Ihre Zwerge mit einer Fülle von attraktiven Spielgeräten und Wasserrutschen begeistern wird. Eltern entspannen derweil in den bequemen Loungechairs.
***Calypso Bay Water Park**, 151 Lamstein Lane, Royal Palm Beach, FL 33411, Tel. +1-561-790 61 60, visitwpb.com/calypso-bay-water-park. Erw. $ 10, Kinder (3-11 J.) $ 8 oder (1-2 J.) $ 3.*

Bethesda-by-the-Sea Episcopal Church, einem gotischen Nachbau an der South Country Road, weiter zur für 250 Millionen Dollar restaurierten Hotellegende The Breakers (siehe Seite 49). Merken Sie sich die Lage, denn auch wenn der italienische Rennaissancestil im ersten Moment nicht die Aufmerksamkeit der Kinder auf sich zieht, das „Breakers" hat für die Kleinen ein paar echte Knaller im Angebot. Aber dazu später mehr! Das nächste beeindruckende Gebäude im Beaux-Arts-Stil ist das Henry Morrison Flagler Museum (siehe Seite 48), dem Sie später auf eigene Faust unbedingt noch ein paar Stunden Ihrer gemeinsamen Urlaubszeit schenken sollten. Aber nun geht die Fahrt mit dem Diva Duck erst richtig los. Besonders an sonnigen und heißen Tagen beginnt nun der mehr als angenehme und für

Kinder erstaunliche Teil. Das Gefährt geht baden! „Splash!", und ab geht's ins blaue Wasser. Vorsicht mit den Digitalkameras – sie könnten nass gespritzt werden. Jetzt fahren Sie gemütlich den Intercoastal Waterway entlang, vorbei an spektakulären Anwesen und prächtigen Jachten. Auch von der Wasserseite ist Palm Beach ein wirklich schöner Anblick. Und dann klettert der Diva Duck zurück an Land und setzt Sie am City Place in West Palm Beach wieder ab.

Kunterbuntes Treiben

Der Stadtkern von West Palm Beach ist wirklich besonders hübsch, samt Kirche und großem Brunnen mutet alles ein bißchen mexikanisch an. Viele Restaurants und Cafés bieten allerlei Ruhemöglichkeiten nach der Land- und Wasserpartie mit dem Diva Duck. Vielleicht haben Ihre Kinder aber auch Lust, einen außergewöhnlichen Süßigkeiten-

The Palm Beach Zoo

1.400 verschiedene Tiere aus ganz Amerika, Asien und Australien können Sie in diesem hübsch angelegten Zoo bestaunen. Auf schattigen Wegen flanieren Sie über vorgegebene Pfade sowie Brücken und Teiche und entlang des hübschen Baker Lakes.
***Palm Beach Zoo**, Summit Boulevard, West Palm Beach, FL 33405, Tel. +1-561-547 94 53, www.palmbeachzoo.org. Tägl. 9-17 Uhr. Erw. $ 20, Kinder (3-12 J.) $ 13.*

Ein wahr gewordener Zuckertraum: Sloan's in West Palm Beach

Allerlei Verführungen

Wer mit seinen Kindern nicht vor dem Betreten des Zuckerparadieses einen Vertrag über die Höhe der Einkäufe abgeschlossen hat, der könnte jetzt ein Problem haben. Also vorbeugen! Wenn die Kleinen gnädig gestimmt mit der Zuckertüte in der Hand und bereit sind, Mami und Papi hinaus aus dem Paradies zu folgen, dann erwarten Sie in Downtown West Palm Beach jede Menge Shoppingmöglichkeiten für alle Familienmitglieder. Vielleicht ein paar neue Shorts für Papi bei **Macy's** [575 South Rosemary Avenue, West Palm Beach, FL 33401, Tel. +1-561-242 40 85, www.macys.com. Mo-Sa 11-21, So 12-18 Uhr]? Mami kann ein bisschen in den Büchern von **Barnes & Noble** [700 Rosemary Avenue #104, West Palm Beach, FL 33401, Tel. +1-561-514-0811, www.barnesandnoble.com. So-Do 10-22, Fr/Sa 10-23 Uhr] stö-

laden zu besuchen. Kunterbunt und wirklich „sweet" ist fast alles bei **Sloan's** [City Place, 700 South Rosemary Avenue, West Palm Beach, FL 33401, Tel. +1-561-833 43 03, www.sloansicecream.com. So-Mi 12-22, Do-Sa 12-23 Uhr]. Kleine Pralinés, Zuckerstangen, Riesenlollis und Jelly Beans in allen Farben und Geschmacksrichtungen, die ein Kinderherz begehrt. Wirklich lustige Sonnenbrillen gibt es auch, etwa für angehende Rockstars mit Gläsern in Gitarrenform. Oder zeigen Sie Florida, wie sehr Sie den Sonnenscheinstaat in Ihr Herz geschlossen haben, und tragen Sie voller Stolz die „Pink Flamingos" auf der Nase spazieren.

Bob Evans

ist eine US-amerikanische Restaurantkette, die mit dem Slogan „Discover Farm Fresh Goodness", „entdecke farmfrische Qualität", an die Tische und in die kleinen Läden lockt. Und tatsächlich schmecken die Salate bei Bob Evans ganz besonders knackig und auch die Burger kommen mit frischem Gemüse daher. ***Bob Evans**, 4967 W Irlo Bronson Memor, Kissimee, FL 34746, US 192 / State Rt. 535, Tel. +1-407-396 73 77, www.bobevans.com. Tägl. 6-22 Uhr.*

bern und Söhne und Töchter jeglichen Alters freuen sich sicherlich, wenn es mal wieder ein paar neue coole Klamotten von **The Gap** [701 South Rosemary Avenue, West Palm Beach, FL 33401, Tel. +1-561-802 36 04, www.thegap. com. Mo-Sa 10-21, So 12-18 Uhr] gibt. Fürs Mittagessen bieten sich reichlich Restaurants direkt am City Plaza an. Im **Panera Bread** [700 South Rosemary Avenue, West Palm Beach, FL 33401, Tel. +1-561-515 37 73, www.panerabread.com. Mo-Do 6-10, Fr/Sa 6.30-23, So 8-20 Uhr] gibt es für Kinder ein frisch zubereitetes Sandwich mit gegrilltem Hühnchen oder auch etwas von der Kinderkarte. Probieren Sie unbedingt etwas Frisches, zum Beispiel den Strawberry Poppyseed & Chicken Salad – der Salat mit Huhn,

Erdbeeren und Mohn schmeckt ganz ausgezeichnet. Vom amerikanischen „Parents®" magazine wurde das Panera Bread übrigens im Juli 2009 zu „One of the 10 Best Fast-Casual Family Restaurants", einem der besten Familien-Schnellrestaurants, gekürt.

Astronauten & Seepferdchen

Jetzt gibt es zweierlei Möglichkeiten für einen Museumsbesuch. Das **South Florida Science Museum** [4801 Dreher Trail North, West Palm Beach, FL 33405, Tel. +1-561-832 19 88, www.sfsm.org. Mo-Fr 10-17, Sa 10-18, So 12-18 Uhr. Erw. $ 12, Kinder (bis 12 J.) $ 9, Planetarium und Lasershows kosten extra] liegt mitten im Dreher Park und lockt mit interaktiven und wechselnden Ausstellungen, etwa

Im South Florida Science Museum wohnen einzigartige Seekreaturen

im Planetarium. Hier können kleine Mädchen und Jungs großen Träumen nachhängen und ganz viel über Astronauten lernen. Nehmen Sie sich Zeit für das einzige Frisch- und Salzwasseraquarium in West Palm Beach und bleiben Sie im Trockenen, während Sie grazile Seepferdchen, riesige Hummer, Skorpion- und Löwenfische und andere faszinierende Meereskreaturen in ihrer (fast) natürlichen Umgebung bestaunen.

Amerikanische Geschichte

Sollten Ihre Kinder allerdings eher „Lokomotivführer" auf dem Zukunftsberufsplan angestrichen haben und Sie gemeinsam außerdem etwas über die Gründung von West Palm Beach lernen möchten, dann sei Ihnen das **Flagler Museum** [1 Whitehall Way, Palm Beach, FL 33480, Tel. +1-561-655 28 33, www. flaglermuseum.com. Di-Sa 10-17, So 12-17 Uhr. Erw. $ 18, Jugendliche (13-17 J.) $ 10, Kinder (6-12 J.) $ 3. Kinder nur in Begleitung eines Erwachsenen] wärmstens empfohlen, denn hier lebt die Geschichte des Henry Morrison Flagler,

Vizcaya Museum & Gardens

Ein schlossartiges Gebäude im Stil einer Renaissancevilla. Denken Sie nicht, dass das nicht auch für Kinder spannend sein könnte. „Exploring Vizcaya with Young Visitors" heißt das Programm, das junge Besucher inspirieren soll, die Villa mit all ihren Schätzen zu entdecken. Goldene Möbel, beeindruckende Skulpturen und der zauberhafte Garten haben schon so manche Prinzessin in ihren Bann gezogen. Schauen Sie im Vizcaya Souvenir Shop vorbei, dort gibt es tolle Trinkflaschen, die im Dunkeln blau leuchten (ca. $ 15). 3251 South Miami Avenue, FL 33129, Tel. +1-305-856 81 89. Mi-Mo 9.30 - 16.30 Uhr, Thanksgiving und 25. Dez geschlossen. Erw. $ 15, Kinder (6-12 J.) $ 6.

Das Flagler Museum in Palm Beach wird auch Whitehall genannt

Luxuriös und ganz besonders kinderfreundlich: das Hotel The Breakers

des eigentlichen Begründers von West Palm Beach, wieder auf. Mister Flagler, der 1830 in New York geboren wurde, war ein echter Pionier seiner Zeit. Als Besitzer einer Eisenbahngesellschaft und Erbauer der Bahnlinie Florida East Coast Railway schuf er eine touristische Infrastruktur, die dem Ort am Atlantik zahlreiche Besucher bescherte. Das Museum erkunden Sie am besten mit einer zweistündigen Tour, die Sie durch die gesamte Anlage führt. Am meisten beeindruckend fanden meine Söhne den Pavillon, in dem Henry Flaglers privater Zugwaggon Nummer 91 steht. Man möchte direkt einsteigen und mit dem luxuriösen Abteilwagen durch ganz Amerika rattern, leider pfeift niemand mehr die Abfahrt des Zuges an. Die Pfeife, die den passenden Ton liefern könnte, liegt übrigens für $ 7 im Museumsladen.

Kinder im Luxushotel? Kein Problem!

Abenteuer, Museum, Shopping, Candy und neue Klamotten: Der Tag hat alle Familienmitglieder mit Highlights versorgt. Doch ein abschließender Höhepunkt wartet noch. Ein Abendessen im **The Breakers** [One South County Road, Palm Beach, FL 33480, Tel. +1-561-655 66 11, www.thebreakers.com. Zimmer ab $ 289]. Sie sind noch skeptisch? Keine Angst und keine Scheu vor hohen Decken, perfektem Service, Prunk und Glanz – Kinder sind in diesem beeindruckenden Hotelpalast mehr als nur willkommen. Sollten Sie sich entscheiden, mit Ihrer Familie für ein paar Tage im The Breakers abzusteigen (Kinder bis 16 Jahre im Zimmer der Eltern kostenlos), werden Sie sich über die Vielfalt der Angebote für Familien wundern. Es gibt einen Kindermal- und

Die goldstrahlende Lobby des legendären The Breakers. Wie das duftet!

Bastelraum, einen Spielplatz, Kinderkino und Spielautomaten für die größeren Kids. Draußen wartet ein Basketballplatz auf Spieler, wer mag, leiht sich ein Fahrrad, lernt Kajak fahren, Golf oder Tennis spielen, geht schwimmen in

einem der fünf Hotelpools oder baut Sandburgen am privaten Sandstrand des Hotels. Wer es ganz exklusiv am Pool haben möchte, der mietet sich einen der hübschen Beachbungalows mit Toilette, Dusche, mit kleiner Sonnenveranda und einem gemütlichen Wohnzimmer samt Flatscreen. Falls es mal zu stürmisch ist, kann man es hier gut aushalten.

Reservierung erforderlich!

Wer nicht in den Genuss eines der stilvoll eingerichteten Zimmer mit Meeresfarben und dunklen Hölzern kommt, der kann trotzdem die einzigartige Luft des Hotellebens schnuppern. Gehen Sie mit Ihren Kindern im **Italian Restaurant** [Reservierungen unter Tel. +1-888-273 25 37] essen, das nur durch eine Glaswand vom Family Entertainment Center getrennt ist. Dort können Ihre Kinder dann unter Aufsicht herumtoben, während Sie in aller Ruhe die Annehmlichkeiten des Grandhotels genießen. Reservieren Sie unbedingt telefonisch einen Tisch, denn sonst kommen Sie nicht mit Ihrem Auto am Eingangswächter vorbei. Der fragt Sie nämlich nach Ihrem Namen und wenn der nicht auf einer Reservierungs- oder Gästeliste steht, dann können Sie hungrig wieder umdrehen.

Historische Hoteltour

Wem das Kleingeld für die Übernachtung fehlt, und wer aber trotzdem seine Nase in das Hotel stecken möchte, der meldet sich zur **Historical Hotel Tour** an. Jeden Dienstag 14-15 Uhr dürfen auch Nichthotelgäste einen exklusiven Blick ins The Breakers werfen [Tel. +1-888-273 25 37, pro Person $ 15].

Tour 4: Welcome to Miami

Bootsausflug • Sawgrass Mills • Rickenbacker Causeway • Lummus • ParkArt Déco Welcome Center • Lincoln Road

Wo: Miami – Wie: mit dem Auto und zu Fuß – Dauer: 1-2 Tage – Nicht vergessen: Badesachen, Fotoapparat

Jungle Island

Von Miami Beach sind es nur ein paar Fahrminuten zum Jungle Island, einem riesigen Erlebniszoo auf 7,5 Hektar. In der tropischen Dschungellandschaft auf „Watson Island" tummeln sich zahlreiche Affenarten, Alligatoren, Schlangen, Raubkatzen (u. a. Liger – eine Mischung aus Löwe und Tiger), Stinktiere und exotische Vögel. Das Highlight ist die tägliche „Winged Wonders Show" (12, 14.15 und 15.30 Uhr), in der Besucher viele Vögel im Freiflug erleben, u. a. den riesigen Kondor mit über drei Meter Flügelspannweite. Am Eingang können Sie tolle Erinnerungsfotos mit Papageien schießen. Achtung vor den spitzen Schnäbeln!

Jungle Island, *1111 Parrot Jungle Trail, Miami 33132, Tel. +1-305-400 70 00, www.jungleisland.com. Mo-Fr 10-17, Sa/So 10-18 Uhr. Erw. $ 33,12, Kinder (3-10 J.) $ 24,56.*

Der kilometerlange Sandstrand von Miami Beach lädt zum Toben ein

Schwülwarme Luft, wehende Palmenblätter und Sonne, Sonne, Sonne sind meistens die ersten Eindrücke von der fast 400.000-Einwohner-Metropole im Sunshine State Florida. Ein Tipp: Wenn Sie Ihr Hotel in Miami buchen, sollten Sie unbedingt in Miami Beach übernachten, besser noch South Beach. Denn die Stadt ist sehr weitläufig, und gerade im Frühling/Sommer dauert es dank Staus sonst manchmal viel zu lange, um zum Strand und zu den lohnenden Sehenswürdigkeiten zu gelangen.

Ausflüge ab Miami

Zwei bis drei Tage sollten Sie unbedingt einplanen für Miami, denn es lohnt z. B. eine **Rundfahrt mit den Ausflugsbooten** ab Bayside Marketplace zu machen, die Sie an Millionen-Dollar-Villen und Jachten vorbei zu den schönsten Ecken der Stadt bringen [z. B. 90 Min. mit www.

islandqueencruises.com, Tel. +1-305-379 51 19. Tägl. ab 10.30, letzte Tour 18 Uhr (Fr-So 19 Uhr). Erw. $ 27, Kinder (4-12 J.) $ 19]. Auch Ausflüge in die Everglades (siehe Tour 5, ab S. 56) sind ab Miami möglich, solange Sie ein bis zwei Stunden Anfahrt einplanen. Die riesigen Sümpfe beginnen fast direkt vor den Toren der Stadt und bieten einen willkommenen Kontrast zur Hektik der Metropole.

Shop till you drop

Wie wäre es mit einem kleinen Shoppingtrip in der Nähe von Fort Lauderdale? Denn im Outletcenter Sawgrass Mills, einer der größten Shoppingmalls Amerikas, gibt es zahlreiche Schnäppchen zu ergattern [12801 West Sunrise Boulevard, Sunrise, FL 33323, Tel. +1-954-846 23 00, www.simon.com. Mo-Sa 10-21.30, So 11-20 Uhr].

Nachdem Sie Ihr Auto vor dem riesigen Komplex abgestellt haben, merken Sie sich unbedingt die Parkplatznummer, Sie finden Ihren Wagen sonst nie wieder! Neben mehr als 350 Shops und Outlets z. B. von Converse, Nike, Calvin Klein, Tommy Hilfiger, Victoria`s Secret, Hugo Boss, Lacoste, Ralph Lauren und vielen weiteren Marken befinden sich hier auch jede Menge Restaurants, Cafés und ein Kino. Beliebtes Mitbringsel sind die Baby-Chucks von Converse, hochwertige Kinderkleidung gibt es bei Osh Kosh B'Gosh, und unbedingt probieren sollten Sie eine der süßen Verführungen in der Cheesccake Factory (ein Stück Kuchen reicht für mindestens zwei Erwachsene). Wer jetzt merkt, dass die Koffer nicht reichen, der legt sich einen nagelneuen Samsonite zu (hier weit günstiger als

Shoppingparadies Sawgrass Mills: eine der größten Malls der USA

Tour the Glades

*Die **Everglades** sind nur ein paar Autominuten von Miami entfernt. Die ersten Luftkissenbootsfahrten werden nur wenige Kilometer nach der Stadtgrenze Miamis angeboten. Wer seinen Kindern allerdings die Flora und Fauna der atemberaubenden Sümpfe wirklich näherbringen will, der bucht eine Kanutour mit Tod Dahlke. Ganz individuell stellt der sympathische Tourguide auch für Familien passende Touren zusammen. Und er erklärt alles kindgerecht. **Tod Dahlke**, Tel. +1-239-260 45 77, www.tourtheglades. com. Z. B. 4 Stunden Sonnenuntergangstour ab Everglades City, $ 109 pro Person.*

für das Sie allerdings mindestens einen Nachmittag einplanen sollten – setzen Sie sich also ein Zeitlimit fürs Shoppen. Von der Mall aus brauchen Sie zum Strand etwa 45 Minuten. Der Strandabschnitt liegt Richtung Süden und wird durch die Insel Key Biscayne vom offenen Meer abgeschirmt. Dadurch ist der Einstieg hier viel flacher als am Miami Beach, die Sonne scheint den ganzen Tag (Sonnenschutz nicht vergessen!) und die Strömung ist kaum vorhanden, sodass im Schutz von Lifeguards und Beach Patrol auch die Kleinsten ihren Badespaß genießen. Picknicktische und Grillplätze sind ebenso vorhanden wie Volleyballnetze. Wenn sich die Sonne langsam dem Horizont entgegen neigt, heißt es wieder Badesachen einpacken

in Deutschland). Sie sollten allerdings aufpassen, dass Sie die Zeit nicht zu sehr vertrödeln. Man kann in der Mall gut und gern einen ganzen Tag verbringen: Es gibt Spielplätze, Eisstände und zahlreiche Unterhaltung auch für die Kleinsten. Doch die Kids brauchen spätestens jetzt frische Luft und drängeln Richtung Meer. Die Strände in Miami sind allerdings nur bedingt für Kinder geeignet, da die Strömung zum offenen Atlantik hin sehr stark ist.

Ab ins Wasser

Ein netter und sicherer Strand auch für die ganz Kleinen ist der **Beach am Rickenbacker Causeway** in der Nähe des Seaquariums (siehe Kasten rechts),

Miami Seaquarium

*Schwimmen mit Delfinen, eine Schwertwalshow, Seelöwen, ein Haitunnel, Stachelrochen, Seekühe sowie zahlreiche tropische Vögel und Fische – das Seaquarium ist eine der bei Familien beliebtesten Sehenswürdigkeiten in der Stadt. Ein wichtiger Tipp: Setzen Sie sich bei den Shows lieber nicht zu weit nach vorne, sonst bekommen Sie eine Dusche gratis. **Miami Seaquarium**, 4400 Rickenbacker Causeway, Miami, FL 33149, Tel. +1-305-361 57 05, www. miamiseaquarium.com. Tägl. 9.30-18 Uhr (Kasse bis 16.30 Uhr). Erw. $ 40,61, Kinder (3-9 J.) $ 29,91, Parken $ 8.*

*Lieblingsbeschäftigung: Beach Volley-
ball im Lummus Park in South Beach*

und zurück Richtung Miami Beach! Sie
parken irgendwo in der Nähe vom **Lummus Park**, einer der ersten Parkanlagen
der Stadt, in South Beach zwischen
der 5. und 14. Straße. Hier stählen sich
muskelbepackte Bodybuilder neben
gebräunten Bikinischönheiten, toben
Kinder über den Spielplatz und flanieren, skaten oder radeln die Einheimischen. Da der Park im Schutz hinter der
Düne liegt, weht auch der Wind nicht so
stark. Öffentliche Duschen und Toiletten
sind vorhanden. Die Strandwache hat im
Lummus Park ihre Zentrale. Deswegen
können die Geräte, Boote und Fahrzeuge
der Rettungsschwimmer von Miami
Beach bestaunt werden.

Villen kunterbunt
Hinter der Strandwache befindet sich
das **Art Déco Welcome Center** [1001
Ocean Drive, Miami Beach, FL 33139, Tel.
+1-305-763 80 26, www.mdpl.org. Tägl.
9.30-19 Uhr]. In einem kleinen Souvenir-
laden können Sie nette Andenken kaufen
oder Touren buchen. Am weltbekannten

Ocean Drive werden am Abend die
vielen bonbonfarbenen Art-déco-Hotels
beleuchtet. Erst in der Dämmerung und
Dunkelheit zeigt sich Miami hier von
seiner wirklich beeindruckenden Seite.
Etwa 800 erhaltene Gebäude aus den

Echt kubanisch
*Den Superstars **Gloria** und
Emilio Estefan gehört das
original kubanische Restaurant
direkt am Ocean Drive. In
Miami muss man unbedingt
kubanisch gegessen haben,
denn nirgendwo sonst in den
USA ist diese traditionelle
Küche so nah an ihrer Heimat.
Unbedingt zu empfehlen ist
das Bongos Famous Roasted
Chicken, geröstetes Hühnchen,
mariniert in Limonensaft,
Knoblauch, Weißwein und mit
kubanisch-kreolischer Soße.
Dazu Kochbananenchips
(Plantain Chips) und Reis. Auch
die jungen Gäste sollten einmal
außerhalb der recht überschaubaren Kinderkarte schauen.
Denn gegrillte Hühnchenbrust
oder frittierter Reis mit Gemüse
und Fleisch schmeckt auch Kindern. Und für die Großen gibt es
ausgezeichnete Margaritas und
dazu lateinamerikanische Musik. **Larios on the Beach**, 820
Ocean Drive, Miami Beach,
FL 33139, Tel. +1-305-532 95 77,
www.bongoscubancafe.com.
So-Do 11.30-23, Fr/Sa
11.30-0 Uhr.*

1930er- und 1940er-Jahren verkörpern die einzigartige Interpretation des Art-déco-Stils. Gut zu Abend essen kann man im **Larios on the Beach** (siehe Kasten links). Wenn die Kids danach noch ein bisschen durchhalten, sollten Sie unbedingt noch zur Lincoln Road laufen. Dazu folgen Sie dem Ocean Drive bis zum nördlichen Ende und biegen dann nach links und gleich wieder rechts in die Collins Avenue. Nach knapp 300 Metern beginnt links die **Lincoln Road**, eine der ersten Fußgängerzonen der USA. Neben einer Vielzahl nobler Designerboutiquen gibt es die gehobene Restaurantszene sowie zahlreiche Bars und Straßencafés zu entdecken. Die vielen unterschiedlichen Menschen sind allein schon sehenswert. Während die Kinder ausgelassen mit Gleichaltrigen über die grünen Parkanlagen toben, genießen die Eltern einen abendlichen Cocktail.

Ein Tipp noch zum Schluss: Wenn Sie zufällig am letzten Freitag des Monats in Miami sind, sollten Sie sich den **Viernes Culturales** (kultureller Freitag) nicht entgehen lassen. Dann findet im sehenswerten Stadtteil Little Havana, westlich von Downtown-Miami, regelmäßig diese Kunst- und Kulturmesse statt. Lateinamerikanische Schausteller, Musik, Kunstausstellungen, Filmvorführungen und lukullische Genüsse in den vielen kubanischen Restaurants sind die Highlights.

Abends verwandelt sich der Ocean Drive in ein buntes Lichtermeer

Tour 5: Die Everglades

Tamiami Trail • Big Cypress Swamp Visitor Center • Ernest Coe Visitor Center • Anhinga & Gumbo Limbo Trail • Airboat Tours

Wo: an der Südspitze Floridas – Wie: zu Fuß, mit dem Auto und dem Boot – Dauer: Tagesausflug – Nicht vergessen: Moskitoschutz, Fernglas und Trinkwasser

Alligatoren, Kormorane, Reiher ... Die Liste der Tiere, die aufmerksame Besucher im Süden Floridas erspähen können, ist so lang, wie die Everglades weitläufig sind. Vom Lake Okeechobee im Norden bis an die Spitze des Bundes-staates im Süden erstreckt sich der sanft dahinfließende, grasbewachsene Fluss, das größte subtropische Feuchtgebiet Nordamerikas. Am 6. Dezember 1947 vom 33. Präsidenten der Vereinigten Staaten, Harry S. Truman, zum **Nationalpark Everglades** erklärt, bietet das 5.000 Jahre alte Ökosystem heute rund 350 Vogel- und 600 Fischarten sowie zahlreichen Säugetieren eine Heimat. Der Park ist außerdem für bedrohte Tierarten wie etwa den Florida-Panther geschützer Lebensraum. Wer sich einmal entschlossen hat, die Artenvielfalt dieses einmaligen Ökosystems zu erkunden, der sollte eines auf keinen Fall vergessen: Die blutrünstigsten Tiere der Everglades sind nicht die Alligatoren, auch wenn sie uns sicherlich Angst einjagen können. Die echten Blutsauger sind bedeutend heimtückischer – es sind Moskitos, die sich in ganzen Schwärmen auf Neuankömmlinge stürzen.

Beste Reisezeit

Moskitos sind schon für Erwachsene sehr unangenehm, für Kinder aber beinahe nicht zu bewältigen, denn erklären Sie mal einem kleinen Kind, dass es sich nicht kratzen darf, wenn es grässlich juckt. Beachten Sie also bei Ihrer Reiseplanung, ob die Jahreszeit einen Besuch in den Everglades zulässt. Von April bis Oktober ist es besonders stechend. Im Sommer ab Juni beginnt die Regenzeit mit gewittrigen Nachmittagen und den meisten Moskitos. Die beste Reisezeit

In Südflorida zu Hause: Crocodylus acutus, ein amerikanisches Krokodil

Airboat Ride nahe Orlando

Sümpfe und Alligatoren gibt es in Florida nicht nur im Nationalpark Everglades. Wer sich gegen einen Ausflug an die Südspitze entscheidet, der muss trotzdem nicht auf das Vergnügen einer schnellen Bootsfahrt verzichten. In Kissimmee, nur etwa eine Stunde Autofahrt von Orlando entfernt und nahe dem Internationalen Flughafen, liegen die Boote von **Boggy Creek Airboat Rides***, 2001 East Southport Road, Kissimmee, FL 34746, Tel. +1-407-344 95 50, www.bcairboats.com. Halbstündige Tour Erw. $ 25,95, Kinder (3-10 J.) $ 19,95. One-Hour-Night-Tour Erw. $ 51,95, Kinder (3-10 J.) $ 47,95.*

Schilder vor Alligatoren. Jetzt haben Sie aber Angst um Ihre Kinder? Müssen Sie nicht. Es führen viele sichere Wege durch das Feuchtgebiet mit den Riesenechsen. Steuern Sie am besten Ihren Wagen direkt zum ersten Stopp, dem Big Cypress National Preserve. Im neu erbauten **Big Cypress Swamp Welcome Center** [33000 Tamiami Trail East, Ochopee, FL 34141, Tel. +1-239-695 47 58, www.nps.gov. Tägl. (außer 25. Dez) 9-16.30 Uhr] stimmen Sie sich und Ihre Kinder mit allerlei interaktivem Informationsmaterial auf die Everglades ein. Lassen Sie die Kleinen nur ruhig an all den bunten Knöpfen im Besucherzentrum drehen und drücken und den Stimmen der einheimischen Tiere lauschen. Wenn Sie dann bereit sind, können Sie

ist sicherlich die Zeit von November bis März. Aber auch dann benötigt jeder Besucher einen guten Insektenschutz. Vergessen Sie also nicht, Ihre Kinder und auch sich selbst ordentlich einzusprühen. Lange, helle Kleidung kann ebenfalls hilfreich sein. Vielleicht stecken Sie die langen Hosen in die Socken, bevor Sie sich hinauswagen.

Abenteuer Feuchtbiotop

Wer von Miami im Osten oder Tampa im Westen kommt, der folgt dem **Tamiami** (Tampa-Miami) **Trail**, der US Route 41, einer der großen Straßen, die durch das nördliche Sumpfgebiet führen. Hier und da auf dem Weg warnen bereits

Ja, es gibt sie wirklich und gerade in den Everglades überall. Also, Vorsicht!

ganz gefahrlos aber mit guter Sicht auf
Flora & Fauna auf Holzstegen Ihren Weg
durch die Natur finden. Sogar Kleinkinder, die eventuell noch in Buggys
sitzen, können Sie hier ganz entspannt
in Karren über die Bohlen schieben.

Augen und Ohren auf!

Ist der nördliche Bereich der Everglades
für Sie nicht zufriedenstellend und Sie
möchten lieber tiefer in das Abenteuer
Natur hineinhorchen? Dann steuern
Sie von Miami aus das **Ernest Coe
Visitor Center** [40001 State Road 9336,
Homestead, FL 33034, Tel. +1-305-242 77
00, www.nps.gov. Tägl. 9-17 Uhr] nahe
Homestead direkt beim Eingang zum
Nationalpark an. Hier können Sie dem
Anhinga und dem **Gumbo Limbo Trail**
folgen. Aber Achtung! Auch wenn Sie
den einen oder anderen Alligator faul
in der Sonne liegen sehen, kommen Sie

den Tieren bloß nicht zu nah. Und erklären Sie bitte auch Ihren Kleinkindern,
dass man diese wilden Tiere nicht
füttern darf. Bedenken Sie außerdem,
dass Sie nicht zur Mittagszeit kommen,
denn dann ist es besonders heiß und
Sie werden kaum Tiere antreffen. Die
beste Tageszeit für einen Besuch ist
definitiv früh morgens oder am späten
Nachmittag – allerdings am besten
nicht zur Dämmerstunde wegen der
Moskitos. Sie werden staunen, was es
hier dann alles zu sehen gibt. Neben den
Riesenechsen könnten Sie Schildkröten,
Eidechsen, Schmetterlinge, Frösche,
Otter, Schnecken, Spinnen, Libellen
und den Anhinga-Vogel sehen, dem der
Trail seinen Namen verdankt. Auf dem
Gumbo Limbo Trail werden Sie nicht so
viele Tiere, dafür einzigartige Pflanzen
wie den Gumbo Limbo Tree zu sehen
bekommen.

Kanufahren in den Everglades ist ein ganz stilles Vergnügen

Per Hausboot über die Everglades

Sollte Ihnen diese Art der Evergladeserkundung zu langweilig sein, gibt es auch noch andere Möglichkeiten, etwa über den Fluss aus Gras zu schippern. Weitere 60 Kilometer vom Ernest Coe Visitor Center südwärts erreichen Sie nach etwa einer Stunde Autofahrt das **Flamingo Visitor Center** [40001 State Road 9336, Homestead, FL 33034, Tel. +1-305 242 77 00]. Hier kann, wer mag und mutig ist, ein eigenes Boot mieten – Kajaks, Kanus oder wie wäre es gleich mit einem bequemen Hausboot für mehrere Tage? Die Ruhe, die Sie bei einer Bootstour ohne Motor umschmeicheln wird, ist einmalig und allerlei tierische Begegnungen sind Ihnen gewiss.

Über den Fluss aus Gras

Erinnern Sie sich noch an Porter Ricks, den Vater von Flipper-Freund Sandy

Airboats sind im geschützten Bereich des Nationalparks nicht mehr erlaubt

und Ranger der Everglades? Ich weiß noch genau, wie er damals, in meiner Jugend, im rasanten Tempo mit seinem Airboat über die Graslandschaft Floridas bretterte. Heute ist diese Art der Fortbewegung im Nationalpark längst nicht mehr erlaubt. Zu sehr werden dadurch die Tiere gestört. Vögel können zum Beispiel nicht mehr in Ruhe brüten und der Florida-Panther würde sich wohl gar nicht mehr blicken lassen. Airboatfahrten werden natürlich dennoch angeboten, aber nicht im geschützen Parkbereich. Wer trotzdem auf das fliegende Gefühl der Luft-Propeller-Noote nicht verzichten mag, der kann bei **Captain Doug's Everglades Tours** [200 Collier Avenue, Everglades City, FL 34139, Tel. +1-239-695 44 00, www.captaindougs. net. 45-Minuten-Tour Erw. $ 37, 75, Kinder (3-11 J.) $ 22,50] in den Genuss solch einer Fahrt kommen. Fragen Sie aber unbedingt nach Ohrenschützern, denn die Airboats fliegen leider alles andere als lautlos. Spaß macht es trotzdem!

Alligatoren allüberall

Der am 8. Mai 2012 verstorbene „Wo die Wilden Kerle wohnen"-Autor Maurice Sendak hat bereits 1962 ein ganz wunderbares und kleines Büchlein veröffentlicht. In „Alligators all around" können Kinder, die nach Florida reisen, ein kleines bisschen Englisch lernen. Anhand der zauberhaft getexteten und illustrierten Geschichte über das tägliche Leben von drei Alligatoren macht das einen Riesenspaß. ISBN 978-083 356 49 24, ca. € 15.

Tour 6: Kleine und große Fische und auch noch viel Meer

Anne's Beach • Robbie's Marina • Dolphin Connection im Hawks Cay Resort • Eiscreme bei Emack & Bolio's • Turtle Hospital • The Island Grill

Wo: Islamorada, Duck Key, Grassy Key, Marathon – Wie: mit dem Auto – Dauer: 2-Tagestour – Nicht vergessen: Badesachen, Sonnencreme und Trinkwasser

Was für ein Anblick – das Meer hier an der untersten Spitze der Florida-Halbinsel, dort wo die Perlenschnur der 200 Koralleninseln, der Keys, beginnt, hat sich in ein atemberaubendes Türkis gehüllt. Wer will hier nicht kurz hineinspringen. Halten Sie an der Interstate 1, dem Overseas Highway, an Mile Marker 73,8, um sich und Ihren Lieben eine kur-

Filmstar zu Wasser

Die **African Queen**, das Kultsymbol des 1951 unter der Regie von John Huston gedrehten US-Filmklassikers „The African Queen" mit Katharine Hepburn und Humphrey Bogart, nimmt in den Florida Keys nach umfassender Renovierung wieder Fahrt auf. Am 12. April 2012 schipperte das für ca. € 55.000 renovierte Boot erstmals wieder in den Gewässern rund um Key Largo. Die „Jungfernfahrt" der 100 Jahre alten Schiffsdame fand unter Teilnahme von Stephen Bogart, dem heute 63-jährigen Sohn Humphrey Bogarts und Lauren Bacalls, statt. Mehrmals täglich bricht die Queen von der Marina des Holiday Inn zu einer eineinhalbstündigen Fahrt auf. Tel. +1-305-451 80 80, www.keylargo princess.com. Tickets ab $ 39.

Südwärts auf die Keys: eine wirklich sehenswerte Strecke

ze Erfrischung und ein Ankommen auf den Keys an **Anne's Beach** [Mile Marker 73.5, Lower Matecumbe, Islamorada, FL 33036] zu erlauben. Das Wasser ist weich und warm, der Sand hell und fein und der Strand flach abfallend. Kommen Sie am besten gleich morgens, wenn es hier noch nicht komplett überfüllt ist, denn dieser Strand gehört weder zu einem State Park, noch zu einem Hotel und ist für alle Besucher kostenlos und darum gut besucht. Hunde sind an Anne's Beach übrigens auch erlaubt.

Hungrige Fische

Weiter führt der Overseas Highway Richtung Süden zum Mile Marker 77.5. Hier liegt die kleine bunte Budenwelt von **Robbie's Marina** [77522 B. Overseas Highway, Islamorada, FL 33036, Tel. +1-305-664 80 70, www.robbies.com] mit Restaurants, Souvenirgeschäften und Bootsanlegern. Für $ 5 können Sie hier ein kleines Körbchen mit Fütterfischen kaufen. Die großen Fische warten schon – der Spaß nennt sich **Tarpon Feeding**. Erschrecken Sie aber nicht, denn die Tarpune (Tarpons) sind lange silbrige Knochenfische, die in den warmen Ozeanen, also auch hier rund um die Keys, leben und gern mal bis zu zweieinhalb Meter lang werden. Bei Robbie's Marina kann, wer mag, mit dem Boot zur See hinausfahren und selbst versuchen, Tarpune zu angeln oder die Riesenfische im Becken zu füttern. Halten Sie Ihre kleinen Kinder gut fest, denn die Fische, die da manchmal urplötzlich nach Nahrung schnappen, sind zwar ungefährlich, reißen ihr Maul aber ganz schön weit auf. Auch die Pelikane, die am Pier rumlungern und auf Abstauberfische hoffen, nehmen den Schnabel gern voll. Überall sitzen sie herum: Auf den Booten, im Wasser, sie stehen im Weg auf dem Steg und ab und zu fliegt einer zu den Tarpunen rüber, um dort schnell einen Fütterfisch zu klauen. Herrlich frech, diese braunen Schnabeltiere.

Hello again: flinke Flipper

Nicht ganz so frech, wenngleich durchaus humorvoll, sind Delfine. Besonders auf den oberen Inseln der Florida Keys gibt es viele Möglichkeiten, mit ihnen in Kontakt zu kommen. Das **Dolphin Research Center** [DRC, 58901 Overseas Highway, Grassy Key, FL 33050, Tel. +1-305-289 11 21, www.dolphins.org. Tägl. 9-16.30 Uhr. Erw. $ 20, Kinder (4-12 J.) $ 15] (siehe auch Kap. „Die tollsten Attraktionen für Kinder", S. 96) bietet neben Schwimmen auch Trainingstage oder Malen mit den Tieren an. Im **Theater of the Sea** [84721 Overseas Highway, Islamorada, FL 33036, Tel.

Wer traut sich, die bis zu 2,5 Meter langen Tarpune zu füttern?

+1-305-664 24 31, www.theaterofthesea. com. Tägl. 9.30-17 Uhr] können Besucher eine knappe Stunde (pro Person etwa $ 185) mit den grauen Schwimmern unter Traineraufsicht planschen. Erforderlich ist eine Reservierung ausschließlich am Schalter oder telefonisch (siehe oben). Sollten Delfine für Ihre Kleinen noch zu flink sein, könne Sie alternativ auch Schwimmrunden mit Seelöwen oder mit Rochen buchen.

Vom Bett ins Delfinbecken

Vielleicht machen Sie es sich und Ihrer Familie aber ganz einfach und reservieren ein Zimmer im karibisch anmutenden **Hawks Cay Resort** [61 Hawks Cay Boulevard, Marathon, FL 33050, Tel. +1-305-743 70 00, www.hawkscay.com], einer tollen Ferienanlage mit eigenem Meerwasseratoll. Die Standard Double Queensize Rooms, Doppelzimmer mit zwei französischen Betten, sind wunderbar für Familien mit zwei Kindern geeignet. Wem das allerdings doch zu eng erscheint, der bucht sich und seinen

Großfamilien können im Hawks Cay Resort eine zweistöckige Villa mieten

> ### Wassertour à la James Bond
> *Adrenalinkicks inklusive: Wie Agent 007 in „Die Another Day" („Stirb an einem anderen Tag") schweben Sie mit 60 Stundenkilometern über die flachen Gewässer des Blackwater Sound. Das ermöglichen ab sofort die Luftkissenboottouren des Veranstalters **Hover Tour**, 104100 Overseas Highway, Key Largo, FL 33037, Tel. +1-305-904 38 33, hover-tour.com. Tour „Curiosity Ride" etwa 20-30 Min., für $ 99.*

Liebsten am besten eine der exklusiven Villen. Über zwei Etagen erstrecken sich die hübschen Holzhäuser und bieten neben zwei Schlafzimmern, einem großen Wohnzimmer mit Küchenbereich, einem kleinen privaten Pool sogar auch eine Waschmaschine und einen Trockner. Eben alles, was man sich für eine perfekte Ferienzeit erträumen kann. Und wundern Sie sich nicht über die Wasserfarbe im Kanal. Das ist echtes Meereswasser, auch wenn es aussieht, als wäre es ein Pool. Eine wahrhaft perfekte Location für einen Urlaub. Die **Dolphin Connection** [www.dolphinconnection. com. Reservierungen unter Tel. +1-888-251 36 74. Pro Person ca. $ 165], wie das Schwimmen mit Delfinen im Hawks Cay Resort genannt wird, kann gleich mit der Zimmerreservierung angefragt werden, aber auch Nichthotelgäste haben die Möglichkeit, hier ihren Delfintraum zu erfüllen.

Das Delfin-Einmaleins

Bevor es in kleinen Gruppen mit etwa sechs bis acht Delfinfreunden ins Wasser zu den Tieren geht, gibt es eine englischsprachige Einweisung und Neoprenanzüge für alle. Die Gruppe lernt an dieser Stelle, wie man die Tiere streichelt und wo man einen Delfin nicht berühren darf. Sollte Ihr Kind des Englischen noch nicht richtig mächtig sein, müssen Sie Ihre Tochter oder Ihren Sohn begleiten. Wenn es auch ohne Ihre Hilfe funktioniert, können Sie sich gemütlich mit einem Sommerdrink in der Hand oberhalb des Schwimmbeckens hinsetzen und zuschauen, wie die Kinder mit den Delfinen schwimmen. Das Leuchten in den Augen Ihrer Kleinen werden Sie nicht so schnell wieder vergessen.

Dolphin Connection im Hawks Cay Resort: auch für Nichthotelgäste

Lila Kühe & Keksmonster

Nach einem derartig tierisch gutem Erlebnis empfiehlt sich der Gang zur Hawks Cay Marina. **Emack & Bolio's Ice**

> ### Tom's Harbour House
> *Ein guter Platz für ein Familienabendessen liegt direkt an der Marina auf **Duck Key**. Sie müssen sich und Ihre Kinder nicht für den Abend aufhübschen, denn hier ist die Atmosphäre locker. Nehmen Sie direkt am Wasser Platz und genießen Sie das laue Abendlüftchen. Wem das Anglerglück hold war, der kann seinen Fang im Rahmen von „hook & cook" gleich in die Pfanne hauen lassen. **Tom's Harbor House**, tägl. 17-21 Uhr.*

Cream [Adresse wie Hawks Cay Resort, siehe links. Tägl. 12-22 Uhr], eine amerikanische Eisladenkette, lockt nicht nur die Kinder an den Tresen. Leckere Sorten wie Deep Purple Cow mit schwarzen Himbeeren, weißer und dunkler Schokolade und Cookie Monster, Eiscreme mit Oreo-Keksen, sind so verlockend, dass man dort eine kleine Pause einlegen sollte. Übrigens kann hier, wer mag, auch Bootstouren etwa zum Hochseeangeln buchen. Ganz mutige Teenager ab 14 Jahren, aber auch Väter oder Mütter, können den **Sundance JetLev** [in der Hawks Cay Marina, Adresse siehe links, Tel. +1-305-743 01 45, experience.hawks cay.com/sundance-watersports/jetlev. Kosten pro Flug ca. $ 349, Flugzeiten 10 und 14 Uhr], eine Art Jet-Pack (Raketenrucksack), ausprobieren. Ein sehr teures Vergnügen, aber vielleicht ja die Erfüllung Ihrer Träume.

Gepanzerte Patienten

Haben Sie noch Lust auf weitere tierische Begegnungen? Die Küstengewässer Floridas sind ideal für Schifffahrten jeglicher Art, ob auf monströsem Kreuzfahrtschiff oder in rasantem Motorboot. Leider können Schiffsschrauben und Motoren genauso wie Fischernetze für Meeresbewohner gefährlich werden. Delfine, die sich in Netzen verfangen, Schildkröten, die zu nah an die Schiffsschrauben herankommen – immer wieder werden verletzte Tiere entdeckt und gemeldet. Viele von denen landen im **The Turtle Hospital** [2396 Overseas Highway, Marathon, FL 33050, Tel. +1-305-743 25 52, www.turtlehospital.org. Tägl. 9-18 Uhr. Führung Erw. $ 15,

Im Turtle Hospital in Marathon kümmert man sich um verletzte Tiere

Kinder (4-12 J.) $ 7,50. Reservierung erforderlich], werden dort versorgt, gepflegt, manchmal operiert und mit dem Ziel, sie eines Tages wieder in die Freiheit zu entlassen, aufgepäppelt. Die 90-minütige Tour durch das Schildkrötenkrankenhaus führt hinter die Kulissen und zeigt etwa einen Operationsraum für die Tiere sowie verschiedene Schildkrötenarten in unterschiedlichen Größen. Natürlich wird alles in englischer Sprache erklärt, was für Kinder aus anderen Ländern nicht leicht zu verstehen ist. Aber auch hier gilt: Die Bilder sprechen ganz häufig für sich. Und mit dem Kauf von Merchandise-Produkten aus dem Krankenhausshop können Sie die Einrichtung unterstützen.

Kinderüberraschungen

Der Abend naht, die Sonne wird sich bald zur Ruhe setzen. Wie wäre es mit einem Dinner am Wasser, mit Blick auf einen hoffentlich rosaroten und herzergreifenden Sonnenuntergang? **The Island Grill** [85501 Overseas Highway, Islamorada, FL 33036, Tel. +1-305-664 84 00, www.keysislandgrill.com. So-Do 7-22, Fr/Sa bis 23 Uhr] ist ein perfekter Ort, um den Tag abzuschließen. Fragen Sie gleich nach einem Platz draußen auf der Terrasse. Dort können Sie die braunen Pelikane, die im Wasser schon auf ein gutes Abendbrot warten, bestens beobachten. Aber füttern Sie die wilden Tiere nicht. Ihre Kinder dürfen aus der Kinderkarte des Island Grill wählen und bekommen ihr Kid`s Menue dann in einer blauen Schale serviert, die sich als Frisbeescheibe entpuppt und mit nach Hause genommen werden darf. Was für ein prima Souvenir!

Tour 7: Hemingway, Traumstrand & Fische

Key Largo • Key West: Glasbottom Boat Trips • Hemingway-Haus • Southernmost Point • Smathers Beach

Wo: Florida Keys – Wie: mit Auto und Fahrrad – Dauer: Tagestour – Nicht vergessen: Badesachen und Sonnenschutz

Der Weg nach Key West ist allein schon aufgrund des Streckenverlaufs ein Highlight! Der 205 Kilometer lange Overseas Highway verbindet über zahlreiche Brücken die rund 40 Inseln der Florida Keys. Übernachten sollten Sie unbedingt auf Key West, auch wenn es hier etwas teurer ist als auf den anderen Eilanden. Das Flair der südlichsten Insel ist einfach einmalig: Nirgendwo sonst stehen so viele malerische Holzvillen in romantisch versteckten Palmengärtchen. Zahlreiche Galerien unterstreichen den Ruf der Stadt als Künstlerdomizil und die vielen Bars und Cafés verbreiten mit Livemusik karibisches Flair.

Bunte Unterwasserwelt

Auch wenn Key Largo wirklich sehr schön ist, eignet es sich eventuell besser als Zwischenstopp – vor allem mit älteren Kindern ab etwa sieben Jahren, die schon gut schwimmen können und Spaß am Schnorcheln haben. Das **John-Pennekamp-Korallenriff** liegt praktisch direkt vor der Haustür und kann auf den angebotenen Bootsausflügen z. B.

Schnorcheltrip

Ab Key Largo werden Schnorcheltouren angeboten, die schon Kinder ab sieben bzw. acht Jahren begeistern werden. Hauptsache, die Kleinen können gut schwimmen und die Maske passt. Wer sichergehen will, bringt seine eigene mit. Jüngere Geschwister oder Nichtschwimmer bleiben mit einem Elternteil an Bord, allein die Fahrt zu den Schnorchelgebieten lohnt sich. Masken, Schnorchel und Schwimmflossen können ebenso wie Unterwasserkameras geliehen werden. Und dann werden riesige Hirnkorallen, Rochen und Hunderte bunte Fische bestaunt. Achtung: etwas Warmes zum Anziehen und Sonnenschutz einpacken! **Reef Roamer**, 99751 Overseas Highway, Key Largo, FL 33037, Tel. +1-877-453 01 10, www.reefroamersnorkel.com. 1 Std. Schnorcheln tägl. ab 8.30 Uhr, 2 Std. Schnorcheln tägl. ab 11.30 Uhr. Erw. $ 26/35, Kinder (bis 12 J.) $ 22/30, Leihgebühr für Masken, Schwimmflossen und Schnorchel $ 8. Online-Reservierung empfohlen.

Ein Muss für alle Florida-Keys-Besucher: Schnorcheltrip mit Katamaran

mit einem Katamaran erkundet werden (siehe Kasten S. 65). Das 355 Kilometer lange Riff ist das einzige lebende Korallenriff der kontinentalen USA und das drittgrößte der Welt. Auf dem Weg nach Key West lohnt sich eine Fahrt über die beeindruckende 11 Kilometer lange Seven Mile Bridge, bekannt aus zahlreichen Kino-Filmen (u. a. „Aus nächster Nähe"). Auf Key West fahren Sie am besten mit Ihrem Mietwagen immer den Schildern zum **Visitors Center** hinterher [Mile Marker 1.6, 1601 N. Roosevelt Boulevard, Key West, FL 33040, Tel. +1-305-296 88 81, www.keywest123.com]. Die netten Mitarbeiter dort zeigen Ihnen, wo Sie am besten parken können, geben Auskünfte zu Events und Kinderattraktionen, statten Sie mit Kartenmaterial aus, und wenn Sie möchten, buchen sie auch gleich Ausflüge für Sie.

Familientour auf zwei Rädern

Gut und zentral parken kann man im Parkhaus an der Ecke Grinnell/James Street [\$ 2 pro Stunde, \$ 13 pro Tag]. Von da aus sind es nur wenige Schritte zum Fahrradverleih in der Eaton Street 830. Key West lässt sich am besten per Fahrrad entdecken – so können Sie an einem Tag bequem alle Highlights mitnehmen und noch ein paar gemütliche Momente am Strand verbringen. Bei **Eaton Bikes** bekommen Sie Straßenräder, Mountainbikes, Kinderräder, Tandems, Babysitze, Kinderanhänger und Helme [830 Eaton Street, Key West, FL 33040, Tel. +1-305-294 81 88, www.eatonbikes.com. Mo-Sa 9-18, So 9-16 Uhr. Pro Tag: Räder für Erw. ab \$ 18, mit Kindersitz \$ 20, Kinderräder \$ 12]. Danach fahren Sie über die Caroline Street bis zur Duval Street – neben der westlich dazu parallel verlaufenden Whitehead Street, – die sehenswerteste Straße der Insel. Am nördlichen Ende der Duval Street (Sie müssen dazu

Polar Bear

Der beste Eisladen in Key West befindet sich direkt auf der Duval Street. Neben dem berühmten Key Lime Pie gibt es hier auch das passende Eis dazu (Frozen Key Lime Pie). Alles ist handgemacht und unglaublich lecker in selbst gebackenen Waffeln. Zwei Kugeln in der normalen Waffel kosten zwar über 5 Dollar, allerdings sind die Portionen riesig! **Polar Bear**, *141 Duval Street, Key West, FL 33040, Tel. +1-305-293 99 66.*

von der Caroline Street rechts abbiegen) starten die **Glasbottom Boat Trips** [Tel. +1-305-296 62 93, www.furycat.com. Abfahrt 12 und 14 Uhr, Dauer 2 Std. Erw. $ 40, Kinder $ 20]. Im Visitors Center kann man Ihnen Auskunft geben, ob noch Plätze frei sind und auf Wunsch Tickets für Sie reservieren.

Unterwasserkino und Eis

Die Touren dauern zwei Stunden und sind gerade für Familien empfehlenswert. Über das Korallenriff hinweg gleitet der Katamaran, ohne stark zu schaukeln, und bietet durch seinen gläsernen Unterbau einmalige Einblicke in die Unterwasserwelt. Halten Sie Ausschau nach Delfinen und Schildkröten! Nachdem Sie wieder festen Boden unter den Füßen haben, können Sie einen kleinen Abstecher zum **Sunset Pier** unternehmen. Von dem wunderschön angelegten Pier mit einem kleinen Restaurant haben Sie einen grandiosen Blick auf Tank Island, auch besser bekannt als Sunset Key. Hier leben nur 17 Einwohner, die Insel befindet sich im Privatbesitz vor allem einer Luxushotelkette, die eine kleine Ansammlung von Cottages betreibt. Wenn Sie das nötige Kleingeld haben: Einige Grundstücke stehen noch zum Verkauf, deren Wert auf je über 1,5 Millionen US-Dollar geschätzt wird. Nach einem Snack – sparen Sie sich dieses Mal besser den Nachtisch – geht es wieder auf die Räder! Das nächste Ziel ist die beste Eisdiele der Stadt.
Treten Sie in die Pedale und fahren Sie die Duval Street Richtung Süden. Stopp heißt es an der **Eisdiele Polar Bear** unter der Hausnummer 141 (siehe Kasten

links). Danach geht es frisch gestärkt die westliche Parallelstraße, die Whitehead Street, Richtung Süden.

Zu Besuch bei Hemingway

Bei Hausnummer 907 steigen Sie wieder ab und parken die Räder. Das ehemalige **Wohnhaus von Ernest Hemingway** (siehe auch Kasten Seite 120) und das heute darin untergebrachte Museum ist auch für die Kinder sehenswert [907 Whitehead Street, Key West, FL 33040,

Durch den Glasboden kann man die Unterwasserwelt beobachten

Tel. +1-305-294 15 75, www.hemingway home.com. Tägl. 9-17 Uhr. Erw. $ 13, Kinder (ab 5 J.) $ 6. 30 Minuten Tour auf Englisch inkl.]. Leider gibt es keine Touren auf Deutsch, aber am Eingang bekommen Sie von Tourguide Loren ein kurzes Infoblatt auf Deutsch. Er führt sehr unterhaltsam durch die Ausstellung, erzählt von den zahlreichen Eskapaden des Frauenhelden Ernest, der hier ab 1928 für ein paar Jahre lebte, und den Streitigkeiten mit seiner zweiten Frau Pauline. Eine der Geschichten dreht sich um den herrlichen Pool im Innenhof und den eingelassenen Penny davor. Pauline wünschte sich so einen Pool

Seinem Idol sehr ähnlich: Loren, Tourguide im Ernest-Hemingway-Haus

sehr – vor allem um daran rauschende Partys zu geben. Doch nach einem Kostenvoranschlag eines ortsansässigen Poolbauers winkte Ernest ab – zu teuer wäre ein in den massiven Steinboden gehauener Pool. Während einer Dienstreise des Literaten gab Pauline dennoch den Bauauftrag. Als Ernest zurückkam, war der Zement um den Pool noch nicht einmal trocken. 20.000 Dollar ärmer, nahm Hemingway einen Penny aus seinem Portemonnaie und drückte ihn in den feuchten Zement: „Das ist der letzte Penny, den ich habe!" Und dort ist er immer noch. Kinder erfreuen sich besonders an den 44 zahmen Katzen, die durch das Haus streichen. Wer genau aufpasst, wird feststellen, dass einige von ihnen sechs Krallen statt fünf an den Vorderpfoten haben – so wie Snowball, Hemingways Lieblinskatze, der Urahn der zahlreichen Samtpfoten. Sogar einen Katzenfriedhof gibt es auf dem Gelände. Loren erzählt stolz von den klangvollen Namen der ehemaligen Stubentiger: z. B. Bette Davis und Kim Novak.

Der „Südpol" der USA

Nach dem Rundgang durch das Haus radeln Sie die Whitehead Street bis zum Ende und schießen ein Erinnerungsfoto am **Southernmost Point** – der als südlichster Punkt von Key West gilt. Tatsächlich liegt dieser aber auf der daneben angesiedelten US Navy Basis. Weiter geht es in die South Street und rechts in die White Street, an deren Ende der Atlantic Boulevard zum South Roosevelt Boulevard wird. Auf der rechten Seite befindet sich nun der wohl schönste Kinderstrand der Keys: **Smathers Beach**. Dort heißt es unter den

Red Fish Blue Fish

*In Key West gibt es zahlreiche gute Fischrestaurants. Eine Delikatesse, die nicht jedermanns Sache ist, aber für die manche extra aus New York einfliegen, sind die Florida Stone Crabs. Die Scheren der frisch gefangenen Krabben werden zunächst gedünstet, dann geknackt und schließlich kalt in geschmolzener Butter oder mit pikanter Senfsauce serviert (allerdings sind sie eher eine Vorspeise, denn satt wird man davon nicht). Zu empfehlen ist unter anderem das **Red Fish Blue Fish**. Auf der geschützten Terrasse kann man wunderbar essen, die Preise sind human, der Fisch ist frisch. Besonders zu empfehlen sind auch die Crab Cakes und für die Kleinen gibt es Macaroni and Cheese. 407 Front Street, Key West, FL 33040, Tel. +1-305-295 74 47. Tägl. 11-22 Uhr.*

Sunset Celebration wird auf Key West gefeiert wie wohl nirgendwo sonst auf der Welt. Dann müssen Sie unbedingt auf dem Mallory Square sein, in der Nähe des Sunset Piers. Jeden Abend wird das Naturschauspiel zelebriert: Künstler, Musiker, Gaukler und Kunsthandwerker wie der Hochseilartist Will Soto, der Dudelsackspieler Dennis Riley und der Schwertschlucker Dale erfreuen das Publikum, Eltern und Kinder. Ungefähr zwei Stunden vor dem Sonnenuntergang geht das Spektakel los (Infos: www. sunsetcelebration.org). Im Anschluss lassen Sie den Tag am besten in einem der zahlreichen Restaurants ausklingen, wie z. B. dem **Red Fish Blue Fish** (siehe Kasten links).

Besonders kinderfreundlich: Smathers Beach auf Key West

Palmen ein schattiges Örtchen finden, den Sonnenuntergang betrachten und dann im seichten Wasser unbeschwertes Planschvergnügen genießen. Passen Sie nur auf, dass Sie die Räder rechtzeitig abgeben können. Zurück geht es dazu den gleichen Weg bis zur White Street. Diese fahren Sie bis zum Ende und dann kommen Sie wieder beim Parkhaus und dem Fahrradverleih heraus.

Nicht verpassen sollten Sie aber den Sonnenuntergang. Denn die alltägliche

Tour 8: Der grüne Blitz & die linkshändige Muschel

Amy's Over Easy Café • J. N. „Ding" Darling National Wildlife Refuge •
Shell Museum • Tarpon Bay Beach • Hungry Heron • She Sells Sea Shells

Wo: Sanibel Island im Golf von Mexiko – Wie: mit dem Mietwagen – Dauer: Tagesausflug – Nicht vergessen: Kamera, Sonnenschutz, Flasche Trinkwasser und Badesachen

Stellen Sie sich vor, Sie beginnen den Tag auf einer idyllischen Insel mit weißen Stränden. Die Sonne wärmt bereits morgens gegen 8 Uhr und das sanfte

Rauschen der Wellen wiegt Sie beinahe wieder in den Schlaf, wären da nicht die Kinder, die einem aktionsreichen Tag auf Sanibel, einer 85 Quadratkilometer großen Insel an der Westküste Floridas, entgegenfiebern. Also schnell einmal alle eingecremt, rein in die bequemen Shorts, die Taschen gepackt, die Wasserflaschen aufgefüllt und **Amy's Over Easy Café** [630 Tarpon Bay Road 1, Sanibel Island, FL 33957, Tel. +1-239-472 26 25, www. overeasycafesanibel.com. Tägl. 7-14.30 Uhr] für ein üppiges Frühstück angepeilt. Planen Sie unbedingt eine Wartezeit ein,

Ein wirklich wunderbares Fleckchen Erde ist die Insel Sanibel

denn egal ob Sie nun morgens oder mittags kommen, Amy's Over Easy ist fast immer voll. Ausgestattet mit einem Pieper, der Sie wissen lässt, wann Ihr Tisch bereit ist, können Sie sich in der kleinen Anlage, einer Art Miniatur-Einkaufszentrum mit kleinen Souvenir- und Kunsthandwerksboutiquen ganz wunderbar die Zeit vertreiben und jede Menge Souvenir-Schnick-Schnack erstehen. Wie wäre es mit ein paar bunt glitzernden Fischen für den kommenden Weihnachtsbaum? Oder ein kunterbuntes T-Shirt in Batik-Optik für die Kinder? Die Auswahl ist groß. Gartensessel laden ein, vor einem kleinen Teich Platz zu nehmen. Und Achtung! Halten Sie immer Ausschau nach Alligatoren. Das Frühstück bei Amy's ist so üppig wie köstlich, die Karte kann sich wirklich sehen lassen: leckere Omelettes, Pancakes und Eier in diversen Variationen, Wraps, Burger, Sandwiches und Salate. Wer mag, setzt sich rein und ist

von Hühnern und Gockeln in jeglicher Form umgeben, die das Markenzeichen des Over Easy sind. Auf dem Patio ist es morgens besonders schön. Fragen Sie am besten gleich bei der Ankunft nach einem Tisch drinnen oder draußen. Sollte eines Ihrer Kinder allerdings Angst vor Hunden haben, nehmen Sie lieber drinnen Platz, denn „wohlerzogenen Hunden" ist es erlaubt, mit ihren Besitzern auf dem Patio zu sitzen.

Tierische Naturerlebnisse

Nach dieser morgendlichen Stärkung wartet nun die unberührte Natur der Insel im **J. N. „Ding" Darling National Wildlife Refuge** [1 Wildlife Drive, Sanibel Island, FL 33957, Tel. +1-239-472 11 00, www.dingdarlingsociety.org. Tägl. 7-17.30 bzw. bis 20 Uhr (je nach Jahreszeit)]. Willkommen in einem der größten wilden Mangrovenareale des Landes. Fol-

Weiße Reiher staksen an den Stränden auf der Suche nach Nahrung

gen Sie mit dem Auto dem ausgeschilderten Trail. Nehmen Sie sich genügend Zeit und steigen Sie immer wieder aus, um Ausschau nach den unterschiedlichsten Tieren der Region zu halten. Wer Glück hat, kann rosa Löffelreiher, Waschbären, Otter, Alligatoren und springende Fische beobachten. Bevor Sie die Floridareise antreten, werfen Sie einen Blick auf die „kids page" [www.dingdarlingsociety.org/kids-page] des „Ding"-Darling-Internetauftritts. Dort finden sich wirklich tolle Ausmalbücher und Bastelgeschichten, die den Kindern die Natur Floridas spielerisch näherbringen. Am besten ausdrucken und mitnehmen – die Kinder wird's freuen. Besonders gut lassen sich die Vögel der Region beobachten. „Birding" ist eine echt große Sache in Amerika. Der 2011 produzierte Kinofilm „The Big Year" („Ein Jahr vogelfrei") mit Owen Wilson, Jack Black und Steve Martin greift das Thema Ornithologie, also die Vogelkunde, auf äußerst amüsante Weise auf. Eine gute Vorbereitung für den Urlaub und ein lustiger Familienfernsehabend, denn der Film ist auch für kleine Kinder geeignet.

NOBLE SCALLOP
Chlamys nobilis (Reeve)

Das Bailey-Matthews-Muschelmuseum hat ein kunterbuntes Angebot

Muscheln aus aller Welt

Nur ein paar Minuten entfernt vom J. N. „Ding" Darling National Wildlife Refuge liegt **The Bailey-Matthews Shell Museum** [3075 Sanibel-Captiva Road, Sanibel Island, FL 33957, Tel. +1-239-395 22 33, www.shellmuseum.org. Tägl. 10-17 Uhr. Erw. $ 9, Kinder (4-16 J.) $ 5]. Falls Sie an den Stränden von Sanibel nicht genug Muscheln gefunden haben, sind sie hier genau richtig. Das Museum zeigt Muscheln aus aller Welt, aber natürlich auch lokale Funde, wie z. B. die einzige linkshändige Florida-Muschel, die Lightning Whelk (siehe auch Kap. „Kinderfreundliche Strände", S. 29). Kinder bekommen am Eingang einen Zettel mit acht abgebildeten Muscheln in die Hand gedrückt und sollen diese nun im Museum wiederfinden. Wer alle entdeckt hat, darf sich am Ende des Museumsbesuches zur großen Freude eine eigene

Muschel aus einer Kiste wählen. Eine tolle Sache, denn an dieser Museumsrallye können auch Kinder teilnehmen, die der englischen Sprache nicht mächtig sind. Vergessen Sie nicht, noch ein Erinnerungsfoto mit der Riesen-Conch draußen vor dem Museum zu machen.

Shells und hungrige Reiher

Sind Ihre Kinder noch aufnahmebereit? Wohl eher nicht. Also jetzt nix wie ab an den erholsamen Strand und für eine kurze Erfrischung abgetaucht. Fahren Sie einfach nur die Tarpon Bay Road Richtung Beach, vom öffentlichen Parkplatz sind es nur wenige Schritte zum Strand. Und wer weiß, vielleicht finden Sie oder Ihre Kinder dann die allerschönste Muschel, die es überhaupt nur gibt. Zum Mittagessen ist der Weg, wie eigentlich überall auf Sanibel Island, nicht weit, der **Hungry Heron** [2330 Palm Ridge Road, Sanibel Island, FL 33957, Tel. +1-239-395 23 00, www.hungryheron. com] lockt mit der umfangreichsten Kinderkarte (bis 10 J.) der Insel in seine wasserblauen Räume, ob Ihre Kinder nun frischen Fisch, eine Pizza oder vielleicht doch eher Nachos, Ribs oder Chicken Tenders mögen. Wenn die Augen größer als der Hunger sind, packen Ihnen die freundlichen Mitarbeiter des Hungry Heron die Reste zum Mitnehmen ein. Erwachsene können übrigens aus 214 Gerichten wählen. Da wird ja wohl auch für Sie etwas dabei sein.

Keine Muschel gefunden?

Das Thema Muscheln ist auf Sanibel Island allgegenwärtig. Einer der wohl einprägsamsten Läden der Insel und ein herrlicher Zungenbrecher heißt

Die Chancen auf einen besonderen Muschelfund stehen gut auf Sanibel

She Sells Sea Shells, was übersetzt „Sie verkauft Seemuscheln" bedeutet, und ist gleich zweimal auf der Insel am Periwinkle Way zu finden [2422 Periwinkle Way, Sanibel Island, FL 33957, Tel. +1-239-472 80 80, und 1157 Periwinkle Way, Sanibel Island, FL 33957, Tel. +1-239-472 69 91, www.sanibelshellcrafts.com]. Wer weder im Museum noch am Strand seine Lieblingsmuschel gefunden hat, der wird spätestens in diesem Laden fündig. Große Conches, kleine Shells, Frösche aus Muscheln, Windspiele mit klöterndem Muschelklang, Muschelleuchten, Muschelseifenschalen, Muscheln als Kunstwerk jeglicher Art, Muscheln für den Hausgebrauch. Setzen Sie Ihren Kindern am besten vorher ein Preis- und Mengenlimit. Bei der Fülle des Angebots ist das ratsam – sonst bezahlen Sie am Ende der Reise noch teure Übergepäckgebühren für Muscheln.

Beim Hutmacher

Nehmen Sie Platz an den großen Fenstern mit Blick auf den Sonnenuntergang und probieren Sie moderne American Cuisine und köstliches Seafood. Wenn Sie am Abend mit den Kindern kommen, können Sie die Kleinen ruhig ein bisschen herausputzen, denn das schadet ja nicht.

The Mad Hatter, *6467 Sanibel-Captiva Road, Sanibel Island, FL 33957, Reservierungen: Tel. +1-239-472 00 33, www.madhat terrestaurant.com. Di-So nur fürs Dinner, ab ca 17 Uhr.*

Sunset & Strandspaziergang

Langsam neigt sich ein aktionsgeladener Inseltag dem Ende. Die Sonnenuntergänge auf Sanibel Island können wirklich spektakulär sein. Was sich da manchmal an Wolkenformationen rosa in Szene setzt, ist atemberaubend schön. Wenn Sie wissen wollen, wann genau die Sonne untergeht, schauen Sie kurz online unter www.calendar-updates.com nach. Dort findet man genaue Zeiten für Sunrises & Sunsets, also Sonnenauf und -untergänge. Sie müssen lediglich die amerikanische Postleitzahl der gewünschten Region eingeben.

Aber auch, wenn sich der Feuerstern mal weniger dramatisch zur Nacht begibt, lohnt sich ein Strandspaziergang dennoch. Vielleicht haben Sie ja noch die verpackten Reste vom Mittagessen? Dann nix wie an den Strand und bei untergehender Sonne die Reste verputzen!

Der grüne Blitz

Wenn die Szenerie sich in ein himmlisches Blau und dann langsam von zartrosa bis blutorange färbt, dann haben Sie ihn eventuell bereits verpasst, den **Green Flash**. Was das nun wieder ist? Nun, der „grüne Blitz" ist ein Phänomen, über das sich die Geister streiten. Einige schwören Stein und Bein, dass er an manchen klaren Tagen genau dann für einen Bruchteil einer Sekunde zu sehen ist, wenn die Sonne im Meer versinkt. Andere wiederum glauben es nicht. Nichtsdestotrotz gibt es eine Green-Flash-Kultur in Amerika. Überall an den Küsten des Landes liegt irgendwo eine Bar, ein Restaurant oder ein Café, das sich mit dem Namen ziert oder zum gemeinsamen Sonnenuntergangs-Event lädt (siehe z. B. Tour 9, Kasten S. 76). Aber auch hier am Leuchtturm von Sanibel Island ist der Sonnenuntergang besonders schön. Zwar versinkt die Sonne nicht direkt im Meer, aber der Blick ist frei auf die Bucht und rüber nach Fort Myers. Manchmal tuckern kleine Fischerkähne in der blau getönten Bucht herum. Manchmal kleben die Wolken wie Watte am Blau der nahenden Nacht. Und auf dem Pier stehen Männer und Frauen, die ihre Angeln weit ausgeworfen haben und auf einen guten Fang hoffen. So manch' großer Fisch wird hier an Land gezogen. Ein kleiner entspannender Spaziergang am Wasser, die Kinder klettern auf den kargen blätterlosen Bäumen herum, stehen einfach mal Kopf oder schlagen Purzelbäume am leer gefegten Strand. Alles färbt sich blau und rosarot und das beliebteste Fotomotiv, der Leuchtturm von Sanibel, zeigt sich immer wieder von einer neuen, fotogenen Seite.

Tour 9: Von Delfinen, Ottern & Cheeseburgern im Paradies

Bootstour mit Captiva Cruise • Cabbage Key Inn • The Bubble Room

Wo: Captiva Island und Cabbage Key – Wie: mit Auto und Boot – Dauer: Tagesausflug – Nicht vergessen: Trinkwasser, Badesachen, Kopfbedeckung, Kamera und Sonnencreme, 1-Dollar-Scheine

Tom Jones, unser Kapitän, kann zwar nicht singen, hat aber trotzdem einen ordentlichen Schlag bei vielen der älteren Mitreisenden. Mit **Captiva Cruise** [11401 Andy Rosse Lane, Captiva Island, FL 33924, Tel. +1-239-472 53 00. www.captivacruises.com. Cabbage-Key-Tour 10-15 Uhr. Erw. $ 35, Kinder (bis 12 J.) $ 20] legen wir morgens gegen 10 Uhr an der imposanten Hotelanlage South Seas Resort ab und steuern Richtung **Cabbage Key**, einem kleinen Inselchen im Golf von Mexiko. Mr. Jones hat uns Delfine versprochen. Wir sind gespannt.

Anfahrt nach Cabbage Key: Wer mag, mietet sich eines der kleinen Häuschen

„Lady Chadwick" schippert täglich nach Cabbage Key

Krimis und Cheeseburger

Eine Stunde dauert die Fahrt, die Sie und eine ganze Menge amerikanischer Senioren auf das kleine Eiland bringt. Ganz idyllisch liegt es fernab jeglicher Großstadthektik. In den 1930er-Jahren wurde die Insel von der Autorin Mary Roberts Rinehart, einer amerikanischen Agatha Christie, gekauft. Das heutige Cabbage Key Inn wurde damals als Privathaus der Schriftstellerin gebaut. Tom Jones erzählt während der Fahrt eine Menge Witze und Wissenswertes über die Region, z. B. dass sie mal von den Spaniern entdeckt wurde und wie die Inseln früher hießen. Es fällt nicht ganz leicht, dem schwer verständlichen „southern accent" von Mister Jones zu folgen. Aber wer braucht schon die Erklärungen, wenn die Aussicht auf das blaue Wasser so einmalig schön ist? Dann dröhnt plötzlich aus den Lautsprechern an Bord ein Lied, in das alle einstimmen: „Cheeseburger in Paradise." Die Passagiere lernen, dass der große amerikanische Songwriter Jimmy Büfett nach dem Verzehr der Inselspezialität zu diesem Megahit inspiriert wurde. Für zwei Stunden geht's an Land. Erst mal einen Cheeseburger im weltberühmten **Cabbage Key Inn** [Intercoastal Channel Marker 60 (26 39 24.162" N, 82 13 20.635" W), Pineland, FL 33945, Tel. +1-239-283 22 78, www.cabbagekey.com]. Aber nicht nur der besungene Burger macht das Inn zu einem einzigartigen Anlaufpunkt.

Dollarschwere Deko

Werfen Sie einen Blick auf die Wände und die Decken. Wieso hängt hier überall Geld? Nun, das kam so: Es war einmal ein durstiger Fischer, der einen unterschriebenen Dollar an die Wand klebte, damit er bei der nächsten Einkehr sofort etwas zu trinken bekäme. Gute Idee, dachten sich auch andere Fischer,

---

Mucky Duck

Dies ist genau der richtige Platz für Eltern mit Kindern zum Sonnenuntergang, denn das gemütliche Restaurant liegt direkt am Strand. Während Sie in Ruhe Ihren „Sundowner" ordern, können die Kids ganz wunderbar im Sand herum toben. Probieren Sie unbedingt den leckeren Spinach-Salad! **Mucky Duck**, *11546 Andy Rosse Lane, Captiva Island, FL 33924, Tel. +1-239-472 34 34, www.muckyduck.com. Lunch 11.30 - 15.00 Uhr, Dinner 17 - 21.30 Uhr.*

Bananaboat & SUP

Fliegen Sie auf einer aufgeblasenen Banane mit der ganzen Familie übers Wasser. Wer das im Urlaub noch nicht probiert hat, der hat was verpasst! Etwa 10 Minuten dauert der Ritt, bei dem die Erwachsenen und auch die Kinder (mindestens 6 J. alt) natürlich Schwimmwesten tragen müssen, und kostet pro Ritt $ 13. Wem das zu laut ist, der probiert's mit Stand-Up-Paddling (SUP), wo stehend auf einer Art Surfboard auf flachem Wasser gepaddelt wird. **Yolo Watersports**, *11534 Andy Rosse Lane, Captiva Island, FL 33924, Tel. +1-239-472 96 56, www.yolowatersports.com.*

und heute klebt jeder Besucher seinen Dollar irgendwohin, wo Platz ist. Mal baumeln sie von der Decke, mal kleben sie mehrfach mit Klebeband gesichert an der Wand. Auf jedem einzelnen Schein stehen Namen oder sind Zeichnungen und Zeichen zu finden. Manchmal fallen einige ab, die werden dann eingesammelt und für einen guten Zweck gespendet. Übrigens auch Celebrities wie John F. Kennedy jr. und natürlich auch Jimmy Buffett haben hier ihre Dollarscheine signiert und an die Wand hinter der Theke geklebt.

Gewinnspiel

Unser Schein klebt da ja nun auch. Gucken Sie mal, ob Sie ihn finden: „Simone, Caesar, David & Steff" steht

drauf! Die ersten drei Entdecker, die ein Bild mit sich und dem gesuchten Schein per E-Mail an redaktion@companions.de schicken, bekommen einen „Familien-Reiseführer Disneyland Paris". **Das Gewinnspiel läuft bis zum 31.12.2013!**

Gierige Enten und freche Otter

Nur ein paar Schritte vom Restaurant findet sich inseleinwärts ein hölzerner Wasserturm, von dessen höchstem Punkt man einen wirklich guten Überblick über das Inselchen hat. Dieser Wasserturm trotzt seit den 1930er-Jahren allen Hurricanes. Wenn Sie noch Zeit haben, folgen Sie entweder dem „path", der durch das Inselinnere führt, oder kaufen Sie ein bisschen Entenfutter, damit die Kinder die Tiere füttern können. Sie warten immer gierig auf die Leckerbissen, sind allerdings mehr als nur gut genährt. Manchmal, wenn man Glück hat, kommen sogar die Otter. Wir

Im Cabbage Key Inn hängen überall Dollarnoten herum. Warum nur?

konnten eine ganz freche Horde dabei beobachten, wie sie uneingeladen gleich mehrere Motorboote enterte, die am kleinen Kai angelegt hatten. Ein hübscher Souvenirshop mit vielerlei Kleinigkeiten und natürlich T-Shirts gibt es auch. Nach zwei Stunden heißt es dann wieder „welcome aboard" – die Rückreise beginnt. Suchen Sie sich einen Platz unten im Schiff mit gutem Blick aufs Wasser, denn die Chancen, dass sich wilde Delfine zeigen, stehen gut, das hatte uns Tom Jones ja versprochen. Und tatsächlich werden wir Zeuge eines Wettrennens zwischen den Tieren und dem Boot. Die Delfine gewinnen locker. Was für ein wunderschöner Anblick!

Ein bisschen Geschichte

Zurück auf Captiva – auch diese Insel hat Spektakuläres auf dem Programm. Haben Sie schon mal vom Bubble Room gehört? Der **Bubble Room** [15001 Captiva Drive, Captiva Island, FL 33924, Tel. +1-239-472 55 58, www.bubbleroom restaurant.com. Mo-Do, So 11.30-15

Ganz schön frech: Otterbanden entern Boote auf Cabbage Key

> ### Zwei Erfinder-Freunde
> *Ein Ausflug auf das Festland nach Fort Myers lockt zurück in die Vergangenheit und in die Winterhäuser der großen Erfinder und Freunde Henry Ford (Gründer der Ford Motor Company) und Thomas Edison (Erfinder der Glühbirne). Schauen Sie auf jeden Fall in den Garten und machen Sie ein Erinnerungsfoto mit Herrn Edison unter dem Banyanbaum.*
> **Edison & Ford Winter Estates,** *2350 McGregor Boulevard, Fort Myers, FL 33901, Tel. +1-239-334 74 19, www.edison fordwinterestates.org. Tägl. 9-17.30 Uhr. Erw. $ 20, Kinder (6-12 J.) $ 11.*

und 16.30-21, Fr-Sa 11.30-15 und 16.30-21.30 Uhr] ist ein Kinderparadies, eine Parallelwelt auf einer rosaroten Wolke. Schon von Weitem springen einen die Bonbonfarben an. Ein Souvenirshop lockt in seine Fänge, aus denen man nur schwerlich und definitiv mit weniger Geld wieder herauskommt. Was es hier alles gibt: Kleopatras Mütze, Weihnachtskugeln zu jeder Jahreszeit, prima Blechspielzeug, herrlich kunterbunte T-Shirts mit dem Bubble Room auf dem Rücken und natürlich die typischen amerikanischen Baseballkappen … Vor dem Restaurant stehen kleine Stühlchen, auf denen man Platz nehmen kann, falls die Wartezeit etwas länger ist. Am Abend kann es schon mal dauern, also kommen Sie lieber mittags, da ist es nicht ganz so voll. Haben Sie den leeren Affenkäfig draußen gesehen? Ein tolles Fotomotiv! Jetzt aber rein in das wohl unglaublichste Restaurant der Welt. Schauen Sie nach der Telefonzelle, die Superman Clark Kent immer zum Umziehen nutzte, und dem „Tunnel of Love", der in dem Film „Der kleine Satansbraten" zu sehen ist! Ach du meine Güte, da sitzt ja sogar der Weihnachtsmann mit seinen Gehilfen und arbeitet fleißig. Endlich wissen wir jetzt, was der das ganze Jahr über so macht. „Tuuut!" – ist das etwa ein Zug, der durch das Restaurant fährt? Achten Sie unbedingt darauf, in welch lustigen Gefäßen die

Ganz schön verrückt: der Bubble Room auf Captiva Island

Ungelogen das beste Eis
Seit 32 Jahren eine echte Sanibel-Tradition. „National Geographic" wählte Pinocchio's Original Ice Cream in die Top 10 der besten Eisläden an der amerikanischen Golfküste. Zu Recht, denn die hausgemachten Eissorten, die Sorbets, Frozen Yogurts etc., die frisch im Laden zubereitet werden, sind einfach nur lecker! Probieren Sie unbedingt die weltbekannten Sorten Sanibel Krunch© and Dirty Sand Dollar©, die hier erfunden wurden. „It's simply the best", es ist einfach das Beste! Und, Sie wissen ja, Pinocchio kann nicht lügen! **Pinoccio's Original Italian Ice Cream**, *362 Periwinkle Way, Sanibel, FL 33957, Tel. +1-239-472 65 66. Tägl. 9-21 Uhr.*

Getränke serviert werden. Und haben Sie mal den Tisch genau angesehen? Es gibt so vieles zu entdecken. Und das Essen ist zum Niederknien. Egal, ob Sie schon nicht mehr können und nichts mehr reinpasst – Sie dürfen den Bubble Room nicht verlassen, ohne zumindest ein Dessert zu bestellen! Und wenn wirklich nichts mehr geht, dann lassen Sie sich eben ein Stück Torte einpacken! New York Cheesecake, Strawberry Cake, Carrot Cake … die ganzen Wunderwerke amerikanischer Konditorei stehen gleich beim Eingang und sind ja sowas von verlockend!

Tour 10: Versunkene Gärten jenseits des Regenbogens

Kindermuseum Great EXplorations • Sunken Garden • Fourth Street Shrimp Store • Ukulelenbauer Lo Prinzi • St. Petersburg Pier

Wo: St. Petersburg und Clearwater Beach – Wie: mit dem Auto – Dauer: ein Tagesausflug – Nicht Vergessen: Badesachen

Da ist man am herrlichen Strand von Florida und soll mit den Kindern ins Museum? Allerdings, denn dieses

Kindermuseum dürfen Sie auf keinen Fall verpassen. Das **Great EXplorations Children's Museum** [1925 4th Street North, St. Petersburg, FL 33704, Tel. +1-727-821 89 92, www.greatex.org. Mo-Sa 10-16.30, So 12-16.30 Uhr. Erw. und Kinder (ab. 1 J.) $ 10] ist eines der besten Kindermuseen der USA. Wer Kinder im Alter bis etwa 10 Jahre hat, ist hier nicht nur an regnerischen Tagen bestens aufgehoben. Im dunklen

St. Petersburg, eine der Topadressen für Urlaub in den Vereinigten Staaten

The Sunshine City St. Petersburg Trolley

Ohne Auto geht's auch, zumindest in St. Petersburg. Hüpfen Sie einfach auf den **Looper Trolley**, *eine Mischung aus Bus und Straßenbahn. Die Fahrt vom St. Petersburg Pier bis zum Pass-A-Grille oder St. Pete Beach kostet gerade mal 50 Cent, Kleinkinder (bis 5 J.) fahren umsonst mit. Die Trolleys verkehren täglich zwischen 10 und 17 Uhr. An Freitagen und Samstagen außerdem von 17 Uhr bis Mitternacht. Wer für die Reise vorbereitet sein möchte, der findet den Fahrplan im Internet und druckt ihn sich aus, bevor er umsonst auf den Bus wartet (www.loopertrolley.com/ SchedulesFares.html).*

Touch-Tunnel etwa kriechen die Kinder auf Händen und Knien durch eine 30 Meter lange Röhre und lernen dabei, sich auf ihren Tastsinn zu verlassen. In „I can construct" darf in schrägen Baumhäusern geklettert und kräftig an der Holzwerkbank gearbeitet werden. Vorstellungsvermögen und Kreativität erschaffen im „Robot Lab" die unglaublichsten Maschinen. Langeweile kommt in diesem Museum sicherlich nicht auf. Fast gleich nebenan befinden sich die **Sunken Gardens** [1825 4th Street North, St. Petersburg, FL 33704, Tel. +1-727-551 31 00. Mo-Sa 10-16.30, So 12-16.30 Uhr], ein 100 Jahre alter Garten mit mehr als

50.000 tropischen Pflanzen der Region. Das botanische Paradies inmitten der lebhaften Stadt St. Petersburgs lädt zu einem ganz entspannenden Spaziergang etwa durch die Voliere ein, die viele unterschiedliche Vogelarten beheimatet. Im Schmetterlingsgarten kann es zu so mancher Begegnung mit einem zauberhaften Falter kommen.

Lassen Sie's sich schmecken!

Mögen Ihre Kinder Shrimps oder auch anderes Meeresgetier? Dann liegt nur ein paar Meter von den Sunken Gardens entfernt das kunterbunte Restaurant **Fourth Street Shrimp Store** [1006 4th Street North, St. Petersburg, FL 33704, Tel. +1-727-822 03 25, www.theshrimp store.com. Tägl. 11-21 Uhr]. Die Linguine mit Shrimps für $ 7,99 sind eines der Express Lunch Specials, die mittags von 11 bis 15 Uhr auf der Karte stehen und die Sie sich nicht entgehen lassen sollten. Ihre Kinder wählen sicherlich gern etwas aus dem „kid`s menu". Weiter geht's!

Jenseits des Regenbogens

Der bekannte Coversong „Over the Rainbow" von dem fülligen und leider zu früh (38 J.) verstorbenen Hawaiianer Israel Kamakawiwo'ole hat die kleine Schwester der Gitarre, die Ukulele, wieder in den Fokus vieler Musiker gebracht. Klein und handlich sind Ukulelen außerdem ein prima Instrument, um Kinder behutsam an Musik heranzuführen. Die kleinen Hände von Vierjährigen können Spielukulelen schon gut halten und die ersten Akkorde auf den Viersaitern erlernen. Aber wie entsteht eigentlich so ein spannendes Instrument?

Gleich mal ausprobieren! Die hoch-wertigen Ukulelen von LoPrinzi

In Clearwater, nur etwa eine halbe Stunde Autofahrt entfernt, finden Sie in einem flachen Bau gleich an der Straße **Augustino LoPrinzi Guitars and Ukuleles** [1929 Drew Street, Clearwater, FL 33765, Tel. +1-727-447 22 76, loprinzi@gate.net, www.augustinoloprinzi.com]. Wer Interesse hat zu sehen, in wie vielen Schritten, aus welchem Holz und an welchen Geräten eine Ukulele gebaut wird, der darf einen Blick in die LoPrinzi-Werkstatt werfen. Bei Interesse melden Sie sich unbedingt per E-Mail (siehe oben) an. Bedenken Sie aber, dass Sie hier in echten Arbeitsräumen sind und nicht im Kindermuseum. Kleine

Kinder werden sich hier eher langweilen oder machen am Ende noch etwas kaputt. Für Kinder ab ca. 8 Jahren, die ein wirkliches Interesse an Ukulelen und Gitarren haben, könnte der Besuch bei LoPrinzi allerdings wirklich interessant sein. Manchmal hängen sogar noch verkaufsfertige Ukulelen im Büro. Aber erschrecken Sie nicht bei den Preisen – das ist ja auch kein Spielzeug, sondern das sind echte handgefertigte Ukulelen von einem der weltweit führenden Hersteller.

Busch Gardens

30 Kilometer von St. Petersburg entfernt liegt in *Tampa* ein weiterer Freizeitpark von SeaWorld Parks & Entertainment, für den es sich lohnt, Zeit einzuplanen. Mit mutigen und größeren Kindern führt Sie der erste Weg nach „Timbuktu". Der „Cheetah Hunt", eine Kopfüber-und-wieder-runter-Achterbahn erwartet Sie mit lautem Gebrüll. Der Park hat aber auch ruhigere Ecken zu bieten. Wie wäre es mit einer Safari durch die „Serengeti"? Nehmen Sie Platz und lassen sich in einer der zahlreichen Shows unterhalten. Planen Sie einen ganzen Tag ein! *Busch Gardens*, 10165 N McKinley Drive, Tampa, FL 33612, Tel. 1-888-800 54 47. Wechselnde Öffnungszeiten: Sommer 10-22, Winter 15-22 Uhr. Erw. $ 81,99, Kinder (3-6 J.) $ 73,99.

Wissenswertes über Pelikane

Sie watscheln tapsig auf den Bootsstegen herum, finden im Wasser fix Nahrung und fliegen sehenswerte Formationen in der Luft – Pelikane, in der Region meist Braunpelikane, sind sehr gesellige Vögel und im Sunshine State überall zu sehen. Ausgewachsen kann der Pelecanus occidentalis eine Körperlänge von 1 bis 1,30 Meter und ein Körpergewicht von ca. 3,5 Kilogramm erreichen. Er kann als einzige Pelikanart tauchen – sogar aus einem Flug von bis zu 10 Meter Höhe.

Fisch oder Fahrrad?

Was wäre ein Familienurlaubstag in Florida ohne den Blick aufs Wasser? Nun, sicherlich nicht richtig. Also ab an den **St. Petersburg Pier**, wo man prima Pelikane beobachten kann und einen tollen Blick auf die Golfstadt hat. Wer mag, mietet sich bei **Wheel Fun Rentals** am Pier [800 2nd Avenue NE, St. Petersburg, FL 33701, Tel. +1-727-820 03 75, www.wheelfunrentals.com. Mo-Sa 10 Uhr bis Sonnenuntergang, So ab 11 Uhr. Leihgebühr pro Std. Mountainbike $ 8, Double Surrey (4 Pers.) $ 30, Grande Surrey (bis zu 9 Pers.) $ 40] ein Fahrrad für die ganze Familie. Wenn Sie es zu anstrengend finden, weil am Ende sowieso wieder nur Sie ganz allein in die Pedale treten, entscheiden Sie sich vielleicht lieber für den Wasserweg.

Immer ein bisschen tolpatschig und meist hungrig: die Braunpelikane in Florida

Tickets für Touren: am kleinen Hafen am Clearwater Beach

Bootstrip mit Delfingarantie

Das Wasser lockt Sie mehr als die Straße? Dann ab auf die **Dolphin Queen** [St. Petersburg Pier, 800 2nd Avenue NE, St. Petersburg, FL 33701, Tel. +1-727-647 15 38, www.pierdolphincruises.net. Zeiten & Touren je nach Saison. Erw. $ 22, Kinder (bis 12 J.) $ 18]. Mit einem Katamaran, einem Segelboot mit zwei Rümpfen, auf dem bis zu 70 Personen Platz haben, geht es hinaus aufs Wasser der **Tampa Bay**. Delfine sind bei diesem 90-minütigen Bootsausflug übrigens garantiert! Wer trotz des Versprechens keine zu Gesicht bekommt, der erhält einen Gutschein für einen neuen Trip. Halten Sie Ihre Kamera also bereit, denn die verspielten grauen Schwimmer können jederzeit auftauchen.

Zum Sonnenuntergang

Möchten Sie einen Sonnenuntergang direkt auf dem Wasser erleben? Die **Calypso Queen** [25 Causeway Boulevard, Clearwater Beach, FL 33767, Tel. +1-727-461 31 13, www.calypsoqueen.com. Zeiten & Touren je nach Saison. 2 Std. Sightseeing Erw. ab ca. $ 18, Kinder (3-10 J.) ab ca. $ 10], ein knallgelbes Schiff, lädt zur zweistündigen **Sunset Dinner & Tropical Party Cruise** ein [Erw. $ 34,90, Kinder (3-10 J.) $ 20,90]. Auch dies ein prima Abschluss für einen langen Tag oder gar für den ganzen Urlaub, denn wenn die Sonne im Meer versinkt und die Wolken sich rosarot in Szene setzen, dann sind das Bilder, die Sie sicherlich so schnell nicht wieder vergessen.

Epcot, eine Weltreise

*Ungefähr 150 Kilometer fahren Sie von St. Petersburg zum Vergnügungspark Epcot bei Orlando. Wer zwei Wochen Beachurlaub an der Golfküste gebucht hat und ein bisschen Abwechslung braucht, der schaut sich die Welt an, wie die Macher von Disney sie sich vorstellen. Rund um die „World Showcase Lagoon" liegen die Häuser diverser Länder, die allerlei Einblicke und kulinarische Erfahrungen gewähren. China lockt durch ein rotes Tor hinein in die asiatische Welt. In Deutschland werden Lederhosen und Dirndl getragen und das Bier fließt in Strömen. Gleich links herum lädt Mexiko mit mystischen Pyramiden und einem Restaurant unterm Sternenhimmel ein. In Frankreich ragt ein Eiffelturm-Nachbau in den Himmel. Eine kleine und interessante Weltreise. **Epcot**, Bay Lake, FL 32830, Tel. +1-407-824 43 21. Kernzeiten tägl. von 9-17 Uhr. Erw. $ 89, Kinder $ 83.*

Discovery Cove

Nur tausend Gästen wird täglich Eintritt in diesen einzigartigen Park gewährt – kein günstiger Spaß. Für eine vierköpfige Familie muss tief ins Portemonnaie gegriffen werden. Aber wenn sich eine Ausgabe lohnt, dann diese.

Urlaub im Urlaub

Weiße Sandstrände, meterhohe Palmen, zahlreiche Meerestierbegegnungen – alles inklusive. Mitbringen muss man gerade mal seine Badehose bzw. den Badeanzug. Den Rest gibt es vor Ort: Handtücher, Schnorchel und Tauchermasken, einen Neoprenanzug und sogar Sonnencreme. Kommen Sie gleich morgens, wenn der Park die Türen öffnet, und genießen Sie das abwechslungsreiche Frühstücksbüfett,

Beste Freunde: Caesar, David und der 5 Jahre alte Delfin Iggy

Delfinischer Geburtstagsgruß

Stellen Sie sich vor, Ihr Kind hat in der Urlaubszeit Geburtstag und ist nun ganz traurig, dass es ohne seine Freunde feiern muss. Wie wäre es mal mit einer ganz besonderen Überraschung – einer Botschaft von einem der trainierten Delfine? Die grauen Schwimmer in Discovery Cove überbringen auch Nachrichten für andere Anlässe.

das genau wie das Mittagessen und kleine Zwischendurchsnacks ebenfalls im Preis enthalten ist. Eine Liege lässt sich einfach finden, denn es gibt jede Menge und alle haben eine prima Aussicht. Jetzt aber ab ins Wasser! Die „Serenity Bay", ein herrlicher Pool mit 28 °C Wassertemperatur und einem flachen Strandeinstieg ist perfekt auch für die ganz Kleinen. Wenn Sie auf einen Kinderwagen nicht verzichten können, bekommen Sie vor Ort eine strandfähige dreirädrige Superreifenkarre, die sich leicht durch den Sand steuern lässt. Inmitten einer üppigen Pflanzenwelt mit hoch aufschießendem Bambus liegt der „Wind-away River", auf dem man sich einfach nur treiben lassen kann.

Schwimmen im Aquarium

Und dann ist da noch „The Reef", eine Salzwasserlagune mit Korallenbänken und Zillionen Fischen, die mal blau, mal gelb gestreift und mal golden schimmern. Mit Schnorchel und Tauchermaske kann jeder, der keine Angst vor großen Fischen hat, hinabgleiten in die bunte Welt von Nemo und seinen Freunden. Hoppla, was ist denn das? Nicht erschrecken, wenn plötzlich unter Ihnen ein riesiger schwarzer Rochen mit weißen Punkten hindurchschwebt. Streicheln Sie mal die kleineren Rochen, die mit ihrem sanften, wellenartigen Flügelschlag ganz nah am Ufer schwimmen. Weiter hinten gibt`s eine echte Überraschung, bei der das Herz schnell mal in die Badehose rutschen kann. Hier warten neugierige Haie, die natürlich durch eine Sicherheitsglasscheibe von den Schwimmern getrennt sind, denn Sicherheit steht überall in Discovery Cove an erster Stelle. Lifeguards haben das Getümmel jederzeit im Blick. Das absolute Highlight des All-inclusive-Tages in Discovery Cove ist das Schwim-

Abtauchen in der traumhaften Unterwasserwelt von Discovery Cove

Spaziergang unter Wasser

Ein Teil von Discovery Coves „Grand Reef", genannt SeaVenture, ist ein Unterwasserspaziergang, bei dem Besucher mithilfe eines Tauchhelms auf dem Meeresboden entlanggehen können. Dabei treffen sie hautnah auf allerlei Meerestiere. SeaVenture endet mit der Fütterung von gewaltigen Fischschwärmen. Ein einmaliges Unterwassererlebnis, das mit einem Spaziergang auf dem Mond vergleichbar ist. Reservierungen unter Tel. +1-407-370 12 80.

men mit Delfinen. Einer der Delfine heißt Iggy, ist fünf Jahre alt und schon jetzt ein echter Poser. Man merkt, dass ihm die Berührungen über seine glatte Haut, die sich wie gekochtes Ei unter Wasser anfühlt, angenehm sind. Und auch die Küsse scheinen ihm zu schmecken.

Discovery Cove, *6000 Discovery Cove Way, Orlando, FL 32821, Tel. +1-407-370 12 80, www.discovery cove.com. Tägl. 9-17.30, Einlass ab 7.30 Uhr. Eintritt $ 149 p. P., $ 269 inkl. Dolphin Swim, der für Kinder ab 6 Jahren erlaubt ist.*

Disney's Magic Kingdom

Willkommen in der zauberhaften Welt von Walt Disney – einem magischen Königreich, in dem Micky Maus und Donald regieren und in dem Träume Wirklichkeit werden. Aber der Reihe nach. Disney's Magic Kingdom ist eine echte Herausforderung, der Sie sich am besten mit genauer Planung stellen. Für einen Tag in dieser Zauberwelt sollten Sie von vornherein wissen, was Sie erleben wollen, denn an einigen der Attraktionen kann es wirklich lange Wartezeiten geben. Greifen Sie sich also gleich beim Eintritt in den Disney-Park eine Parkmap, einen Übersichtsplan, in deutscher Sprache. Überlegen Sie sich eine Route. Wie alt ist Ihr Kind? Sind atemberaubende Achterbahnen genau das Richtige? Oder muss die Welt Ihres Kindes rosarot und ruhig daherflattern?

Piraten und Puppen

Mutige schlagen am besten den Weg rechtsherum ins „Tomorrowland" ein. 102 cm groß müssen die Kleinen mindestens sein, um auf den „Space Mountain"-Zug, eine Indoorachterbahn, aufzusteigen. Sollte die Schlange zu lang sein, ziehen Sie einen **Fastpass** (Seite 91) und kommen Sie einfach später wieder. Wer links beim Cinderella-Schloss abbiegt, den führt der Weg ins „Adventureland", wo der Baum der Schweizer Familie Robinson zur Hausbegehung einlädt. Toll gemacht und täuschend echt. Ein kleines Stückchen weiter laden

die „Pirates of the Caribbean" zu einer schaurig-schönen Bootsfahrt im Dunkel der Nacht ein. Das „Frontierland" hat zwei rasante Fahrten im Angebot: die „Big Thunder Mountain Railroad" und den „Mountain Splash". Beide erfordern eine Mindestgröße von 102 cm. Im „Fantasyland" wird es geradezu märchenhaft, z. B. bei einer Bootsfahrt durch eine bonbonfarbene Puppenwelt. Achtung, akute Ohrwurmgefahr beim Titelsong „It's a Small World"! Die Melodie wird man nie wieder los.

Das Kind in dir und mir

Wünschen Sie auch manchmal, für ein paar Augenblicke wieder Kind zu sein? Dann steigen Sie ein in eines der kleinen Wolkenschiffe und fliegen Sie im „Peter

---

Bibbidi Bobbidi Boutique

Einmal Prinzessin sein – davon träumt wohl jedes Mädchen. In der Bibbidi Bobbidi Boutique werden Träume wahr. Die Möchtegern-Königstöchter dürfen aus Frisuren, Nagellack-Farben und Schminkartikeln wählen. Zum Gesamtpaket gehören auch das Kostüm und ein Erinnerungsfoto. Die Makeovers werden im Cinderella-Schloss im Magic Kingdom angeboten sowie im World of Disney Store in Downtown Disney. Kosten ab $ 54,95. Reservierungen unter Tel. +1-407-939 78 95.

Pan's Flight" über das nächtliche London hinein in das Zimmer der Darling-Kinder Wendy, Michael und John. Weiter hebt Sie der Flug mit aufgeblähten Segeln hinweg über den erleuchteten Big Ben und die Tower Bridge, die breitbeinig über der Themse steht. Halten Sie beim Aussteigen Ausschau nach Peter Pan, der sich manchmal in der Nähe versteckt. Wenn Ihr Kind Autogramme der Disney-Stars sammelt, sollten Sie beim Eingang oder beim Guest Service nach Time Guides fragen, denn es gibt bestimmte Zeiten und Orte, an denen sich die Disneyhelden blicken lassen. Und manchmal läuft einer auch einfach so an Ihnen vorbei. Ältere Kinder, die hauptsächlich auf die Achterbahnen scharf sind, haben eventuell Lust, „Hidden Mickeys", versteckte Mickeyköpfe mit den unverkennbaren Mickeyohren, zu finden. Halten Sie die Augen offen. Manchmal werfen sogar die Straßenlaternen Mickeyschatten auf den Boden. Falls Sie nach Parkschließung immer noch nicht genug von Mickey und seinen Freunden haben, können Sie noch bis tief in die Nacht im Disney-Village shoppen, essen und dem Zauber der imaginären Helden erliegen.

Disney's Magic Kingdom, *3111 World Drive, Lake Buena Vista, FL 32830, Tel. +1-407-824 45 00, www. disneyworld.disney.go.com. Kernzeit tägl. 9-18 Uhr. Tagesticket Erw. $ 89, Kinder (3-9 J.) $ 83.*

Ein Traum: ein Schnappschuss mit Goofy und Pluto fürs Fotoalbum daheim

Disney's Animal Kingdom

Mächtig und sattgrün ragt der Lebensbaum inmitten des Animal Kingdom in den meist blitzeblauen Himmel über **Orlando**. Nehmen Sie sich auch hier die Zeit für eine erste Orientierung. Wie wäre es jetzt mit einer spannenden Safari durch Afrika? Schnell einen **Fastpass** (siehe Kasten S. 91) geholt und die Wartezeit verkürzt. Und dann rein in den ungefederten Jeep, vorbei an Krokodilen, Nashörnern, Elefanten und Giraffen, an Antilopen und auch an Löwen. Und bloß keine Angst vor Brücken! Ach herrje, die sieht aber ganz schön wackelig aus. Heia, Safari!

Tierisches Vergnügen

Gleich neben Afrika, nur ein paar Schritte entfernt, liegt bereits Asien. Wer keine Angst vor Federvieh hat, der kann bei der Vogelshow „Flights of Wonder" mächtig staunen. Papageien, Reiher, Habichte und sogar einen Adler gibt es hier zu bewundern. Zwar sind die komödiantischen Einlagen der englischsprachigen Entertainer leider schwer für deutsche Kinder zu verstehen. Wenn aber ein Papagei im Takt tanzt, bunte Vögel in Formation fliegen oder ein Adler mit seinen mächtigen Schwingen über die Köpfe der staunenden Zuschauer Richtung Bühne gleitet, dann brauchen Kinder sicherlich keine Simultanübersetzungen mehr.

Jenseits von Afrika brauchen auch die Rhinos ihren Mittagschlaf

Schnelles Durchkommen

*Um Zeit zu sparen und lange Warteschlangen an den beliebtesten Attraktionen zu vermeiden, sollten Disney-Park-Besucher den kostenlosen **Fastpass** ziehen, indem sie das Eintrittsticket in den dafür vorgesehenen Automaten stecken. Auf diesem steht der Name der Attraktion und eine Zeitangabe, zum Beispiel 14 bis 15 Uhr. Während der ausgewählten Zeit dürfen Sie dann die Attraktion über den Fastpass-Eingang betreten, ohne anstehen zu müssen, denn Ihr Platz wurde elektronisch vorgebucht. Eine prima Sache, um keine kostbare Urlaubszeit zu vergeuden.*

welt ist üppig und in der Luft liegen die Essenzen von Jasmin – ein Traum. Lassen Sie sich und Ihren Kindern auf keinen Fall den 3-D-Film „It's tough to be a Bug" („Es ist nicht einfach, ein Käfer zu sein") entgehen. Flik aus dem Film „Das große Krabbeln" lädt zu einer amüsanten Begegnung mit allerlei Krabbelgetier ein. Ich zumindest habe lange nicht mehr so überrascht gelacht. Meine Kinder lachen immer noch! Mit einem **Park-Hopper-Ticket** (siehe Kasten S. 94) schaffen Sie es eventuell noch nach **Epcot** (siehe Kasten S. 84) zum „IllumiNations"-Feuerwerk.

***Disney's Animal Kingdom**, Osceola Parkway, Lake Buena Vista, FL 32830, www.disneyworld.disney.go.com. Kernzeit tägl. 9-18 Uhr. Tagesticket Erw. $ 89, Kinder (3-9 J.) $ 83.*

Rauf und runter

Nervenkitzel, allerdings nur ab mindestens 112 cm Körpergröße, wartet bei der „Expedition Everest – Legend of the Forbidden Mountain". Ab geht's in scharfe Kurven, plötzliche Sturzfahrten und durch dunkle Tunnel, in denen sogar mal ein Yeti zu sehen ist, aufs Dach der Welt und natürlich – Sie haben es geahnt – auch wieder runter! Ganz und gar nichts für schwache Elternnerven.

Entspannung in Asien

Nach so viel Adrenalin liegt ein Spaziergang für Familienmitglieder jeglichen Alters durch die Welt des tierischen Königreichs nah, der „Maharajah Jungle Trek" führt vorbei an uralten Ruinen und exotischen Tieren. Die Pflanzen-

Afrikanische Trommler ziehen mit ihren Rhythmen die Zuschauer in den Bann

Wizarding World of Harry Potter

Wahre Harry-Potter-Fans haben in **Orlando** ihr Mekka gefunden, denn die Wizarding World of Harry Potter ist magischer Anziehungspunkt für Besucher aus aller Welt. Da dieser Teil der Universal's Islands of Adventure erst im Juni 2010 eröffnete, ist das Gedränge an den Fahrattraktionen stets groß, Wartezeiten von bis zu zwei Stunden keine Seltenheit. Ein Plan muss her! Kommen Sie am besten ganz früh am Morgen, wenn der Park gerade aufgemacht hat. Gehen Sie rechtsherum, vorbei an „Seuss Landing", der bonbon-farbenen Welt von „The Cat in the Hat", und am „Lost Continent", und schon steht Harry Potters Welt vor Ihnen. Der Hogwartszug wartet auf gemeinsame Erinnerungsfotos. Aber lassen Sie ihn rechts liegen und schreiten Sie schnellen Schrittes auf Hogwarts zu. Dort, im allerhintersten Bereich des Parks, finden Sie gleich mehrere Warteschlangen für die angesagten Rides. Für Kinder ab ca. 1,22 m Größe empfiehlt sich „Harry Potter and the Forbidden Journey", ein beeindruckender Simulationsflug. Der Weg führt durch Hogwarts, bevor man in einer Art Gondel Platz nimmt, die Sie dann hoch in die Luft hebt, vorbei an den spuckenden Dementoren und durch einen Wasserstrahl. Igitt! Ach du Elend, Riesenspinnen. Schnell Harry hinterher und mitten hinein ins Quidditch-Spiel.

Butterbier und Zauberstäbe

Und schon wieder müssen Sie anstehen. Holen Sie unbedingt Butterbier für die ganze Familie. Diese achsoköstliche, alkoholfreie Erfrischung schmeckt wie flüssige Kekse. Wahre Magier schauen natürlich noch bei „Olivander" vorbei und suchen sich ihren persönlichen Zauberstab passend zum Geburtsdatum aus. Oder soll es doch lieber der von Harry sein? Alohomora!

Universal's Islands of Adventure, *6000 Universal Boulevard, Orlando, FL 32819, Tel. +1-407-363 80 00, www.universalorlando.com. Kernzeit tägl. 9-18 Uhr. Tagesticket Erw. $ 88, Kinder (6-10 J.) $ 82.*

Jedem Harry-Potter-Fan vertraut: Hogwarts und Hogsmeade

EcoSafaris at Forever Florida

Etwa eine gute Stunde von Orlando entfernt liegt in **St. Cloud** das Anwesen der Forever Florida Eco Safaris idyllisch auf 47 Hektar Privatbesitz. Schon bei der Einfahrt zeigt sich die Natur von ihrer schönsten Seite. Gleich mehrere Pfauen begrüßen Ankömmlinge mit ihrem leuchtend blauen Gefieder. Der Weg zum Haupthaus ist gut ausgeschildert. Hungrige stillen ihren Appetit mit einem Burger im „Cypress Restaurant". Frisch gestärkt können Sie sich in Abenteuer stürzen. Für Familien mit kleineren Kindern eignet sich die bequeme „Coach Safari", eine zweistündige Tour mit einem Mad-Max-artigen Gefährt, auf dem es vom bequemen Hochsitz aus allerlei zu sehen gibt, neben Pferden und Rindern auch jede Menge Alligatoren, Gürteltiere, Schildkröten und Habichte.

Action = Satisfaction

In 8 m Höhe strampeln Sie im „Cypress Canopy Cycle" am Drahtseil durch die Zypressen und Palmenwipfel und erleben die einzigartige Ruhe. Nicht erschrecken, wenn Sie unten plötzlich einen Alligator sehen. Fahren Sie einfach ganz ruhig und entspannt weiter, das ist doch nur George! Wenn das immer noch nicht Abenteuer genug ist, dann trauen Sie sich doch in die Seile des Hochseilgartens. Auf besonders Mutige wartet ein kilometerlanges „Ziplining"-Vergnügen. Wer schwindelfrei ist, kann sogar eine Art Achterbahn am Seil erleben. „The

Los geht die Fahrradfahrt hoch in den Wipfeln der Zypressen

Rattlesnake", die Klapperschlange, ist die erste Zipline-Achterbahn in den USA. Ruhiger geht's auf der „Overnight Horseback Safari" zu – für Kinder ab 12 Jahren und Sattelfeste geeignet.

EcoSafaris at Forever Florida, 4755 North Kenansville Road, St. Cloud, FL 34773, Tel. +1-407-957 97 94, www.floridaecosafaris.com. Kernzeit tägl. 9-18 Uhr. „Coach Safari" Erw. $ 32, Kinder (6-12 J.) $ 28. Canopy Cycle $ 45 pro Person. Tagesticket $ 135 pro Person (inkl. sechs Rides, z. B. „Zipline Safari", „Cypress Canopy Cycle", „Rattlesnake Zipline Roller Coaster" etc.).

Kennedy Space Center

Bemannte Shuttles werden nicht mehr von der Space Coast Floridas in Richtung Mond geschickt. Das Kennedy Space Center, von wo aus jetzt nur noch Raketen starten, hat für Kinder und auch Erwachsene, die gern mal einen Blick in die Weiten des Universums riskieren, trotzdem nichts von seiner Faszination eingebüßt. Hier kann man ohne Weiteres einen ganzen spannenden Tag verbringen.

Fly me to the Moon!

Im „Rocket Garden" ragen riesige Raketen wie Blumen aus einem Beet in den Himmel. Mercury, Gemini, ... Schilder verraten, um welches Raketenprogramm es sich handelt und was, wann, wo und mit wem in Richtung All unterwegs war. Die Kinder nehmen schnell mal eben

Die überdimensionalen Triebwerke der „Saturn IB"-Trägerrakete

> ### Mehr-Tages-Tickets
> *Große Parkbetreiber wie **Disney**, **SeaWorld** oder **Universal** haben meist mehrere Attraktionen im Angebot. Wenn Sie sich für einen der Anbieter entscheiden, lohnt es sich eventuell, gleich Tickets für mehrere Tage und Parks zu buchen. Bei Disney fragen Sie nach „Park Hopper", bei SeaWorld nach „Multi Park" und bei Universal nach „Park to Park"-Tickets.*

in einer Apollo-Kapsel Platz und fliegen zum Mond. Haben Sie schon mal einen Astronauten getroffen? „Astronaut Encounter", also eine Begegnung mit echten Astronauten, steht im Kennedy Space Center auf der Tagesordnung. Der Astronaut erzählt allerdings in Englisch von seinen Raumfahrterfahrungen – das ist für deutschsprachige Kinder, die in der Schule gerade mal Englisch lernen, oft wenig verständlich. Allerdings sprechen die gezeigten Bilder eine ganz andere Sprache und der Fototermin mit dem Astronauten nach dem Vortrag ist auch für deutsche Kinder ein sensationelles Erlebnis! Wer kann schon nach den Ferien behaupten, einem echten Astronauten „High five" gegeben zu haben?

Ein Bus bringt Sie etwa zum „Rocket Assembly Building", wo Raketen senkrecht zusammengesetzt werden und die Halle so hoch ist, dass sich darin Wolken bilden können! Die „Saturn V" ist ein wirklich beeindruckendes Geschoss, das einmal Neil Armstrong, Edwin „Buzz" Aldrin und Michael Collins zum Mond katapultierte und mit der Apollo-11-Kapsel wieder sicher zurück auf die Erde beförderte. Die gigantischen Triebwerke der Rakete bringen garantiert nicht nur Kinderaugen zum Strahlen.

Wie fühlt sich der Mond an?

Wollen Sie Ihren Liebsten den Mond vom Himmel holen? Das ist kein Problem. Ein Stück Mondgestein liegt an der linken hinteren Hallenseite. Fühlen Sie mal! Und achten Sie auf die Gesteinsfarbe. Hätten Sie's erwartet? „Ach, und ich dachte immer, der Mond ist grau!", stellte mein Sohn David überrascht fest. Am Ende eines langen Kennedy-Space-Tages sollten Sie unbedingt noch einen Abstecher in einen der Souvenirshops machen: T-Shirts mit tollen Prints der Nasa oder amüsanten Sprüchen wie „I need my Space", Fliegerjacken, Apollo-Aufnäher, Küchenmagnete, Astronautenanzüge für Faschingstage, Anstecker ... Ein ganz besonders außergewöhnliches und einzigartiges Mitbringsel für nur $ 5,99 ist ein kleines Röhrchen mit echtem Meteoritengestein. Mein Sohn Caesar hat das nach den Ferien mit in die Schule genommen und jede Menge „Ahs" und „Ohs" dafür geerntet.

Kennedy Space Center, *State Road 405, Kennedy Space Center, FL 32899, Tel. +1-866-737 52 35, www.kennedyspacecenter.com. Tägl. 9-19 Uhr, Erw. $ 45, Kinder (3-11 J.) $ 35 plus Steuer.*

Odyssey, das Kommandomodul der Apollo-13-Mission

Mittagessen mit einem echten Astronauten

Wissenshungrige, aufgepasst! Wer des Englischen mächtig ist und wem schon bei dem bloßen Gedanken an den Weltraum mehr als 1.000 Fragen in den Kopf schießen, für den könnte ein Mittagessen mit einem pensionierten Astronauten im Kennedy Space Center goldrichtig sein. Die Astronauten nehmen sich ordentlich Zeit, auf die Fragen der neugierigen Gäste einzugehen, sie posieren gern für Fotos und berichten mit Hingabe über den Mut, den man braucht, wenn man nach den Sternen greift. Reservierungen unter: Tel. +1-866-737 52 35. Zusätzlich zum Eintrittspreis zahlen Erw. ca. $ 25 und Kinder (3-11 J.) ca. $ 16.

Dolphin Research Center

Auf **Grassy Key** in der Stadt **Marathon** ist das Dolphin Research Center kaum zu übersehen. Wenn Sie von Norden kommen und am Mile Marker 59 an der rechten Straßenseite eine große graue Delfinskulptur erkennen, dann haben Sie Ihr Ziel erreicht. Bereits 1958 wurde hier von Milton Santini die erste Delfinschule eröffnet. Santini, der zuvor als Fischer und Delfinjäger gearbeitet hatte, sprengte tiefe Löcher in den korallensteinartigen Untergrund und schuf so einen Lebensraum für seine Delfine. Sein bekanntester tierischer Bewohner war Flipper, der übrigens – Achtung, liebe Eltern, die Ihr „Flipper" aus dem gleichnamigen Spielfilm von 1963 kennt, jetzt kommt eine Wahrheit, die eventuell nur schwer zu verkraften ist, also Augen zu und den nächsten Satz überspringen

– eine Delfinfrau war und Mitzi hieß. Sie dürfen die Augen jetzt wieder öffnen. Wenn Sie sich entschieden haben, einen Tag im Dolphin Research Center zu verbringen, können und werden Sie eine ganze Menge über Delfine lernen. Auch wenn der eine oder andere des Englischen nicht so wirklich mächtig ist. Reines Beobachten ist schon die halbe Miete. Kinder und auch Erwachsene sind jedes Mal ganz aufgeregt, wenn ein paar Meter entfernt ein Delfin aus dem Wasser springt oder einen Seitenklatscher aufs Wasser macht, um die Besucher ein bisschen zu „erfrischen". Delfine, das ist klar, haben einen guten Humor!

Wie alt werden sie eigentlich?

Manche der insgesamt 24 Delfine, die hier im DRC leben, sind schon ganz schön alt. Molly etwa. Die elegante Delfindame lebt bereits seit einem halben Jahrhundert. Und ganz damenhaft liebt

Erste Kontaktaufnahme: Die Delfinfreunde Louis und Delta begrüßen Caesar

Einzigartige delfinische Kunstwerke

Wussten Sie schon, dass Delfine echte Künstler sind? Das glauben Sie im Leben nicht? Nun, im Dolphin Research Center gibt es den kunterbunten, malerischen, jungen und wilden Gegenbeweis. Kein Monet, Picasso oder Degas: Hier auf Grassy Key heißen die Künstler Pax, Merina und Tursi und, so unglaublich es auch klingt, ihre tierischen Werke können sich sehen lassen.

Malen Sie doch mal mit einem Delfin, halten Sie ihm ein T-Shirt vor die lange Nase und freuen Sie sich dann auf das Resultat, dass Sie mit nach Hause nehmen können, um es stolz auf der Brust zu tragen. Der kreative Spaß ist auch schon etwas für Kinder ab 3 Jahren. Kinder, die jünger als 8 Jahre sind, müssen allerdings von einem Erwachsenen begleitet werden. Die zusätzlichen Kosten für die Malsession belaufen sich auf $ 65 pro Person.

Kinder bereits schwimmen können und mindestens 5 Jahre alt sind, dann entscheiden Sie sich eventuell für das „Dolphin Encounter Program", bei dem es zu einer tierischen Begegnung im Wasser mit abschließendem gemeinsamem Schwimmen kommt. Kinder in dieser Altersgruppe müssen allerdings von einem zahlenden Erwachsenen begleitet werden. Für einen Tag als Trainer entscheiden Sie sich am besten, wenn das Englisch schon etwas flüssiger ist und Sie oder Ihre Kinder den Anweisungen der Trainer besser folgen können. Aber auch ein einfaches „Meet the Dolphin" mit einer ersten Berührung ist schon ein unvergessliches Erlebnis für Kinder – und auch für Erwachsene.

***Dolphin Research Center**, 58901 Overseas Highway, Grassy Key, FL 33050, Tel. +1-305-289 00 02, www.dolphins.org. Tägl. 9-16.30 Uhr. Erw. $ 20, Kinder (4-12 J.) $ 15. Extrakosten: „Dolphin Encounters" $ 199, „Meet the Dolphin" $ 25.*

Achtung, manchmal kann es auch ganz schön nass werden!

sie modische Accessoires. Halten Sie also unbedingt Ausschau nach einem Delfin mit Schal – das ist Molly.

Wenn Träume wahr werden

Das Dolphin Research Center bietet Ihnen und Ihren Kindern gleich mehrere Möglichkeiten einer Begegnung mit Molly und ihren Artgenossen. Wenn Ihre

Tarpon Bay Explorers

Mit dem Kajak durch beinahe unberührte Natur. Vorbei an entwurzelten Bäumen, die ihre Arme über die schmalen Wasserwege strecken, hinein in den Mangrovenwald, in dem hier und da ein weißer, langbeiniger Reiher auf der Suche nach frischer Fischnahrung ist. Eine Kajakfahrt im Naturschutzgebiet **Sanibels** ist ein Vergnügen für die ganze Familie. Auch die Allerkleinsten können dabei sein, denn Schwimmwesten hat man bei den Tarpon Bay Explo-

Ferienschule

*Schicken Sie Ihre Kinder in den Ferien doch mal in die Schule. Neben Englisch können die Kids in der **Sanibel Sea School** eine Menge über die Umwelt lernen. Vorraussetzung ist natürlich, dass die Kids schon Englisch sprechen. Die Schule finden Sie am Lagoon Drive 414. Reservierungen unter Tel. +1-239-472 85 85. SummerCamp ohne Essen $ 200 pro Woche.*

rers in allen Größen vorrätig. Also nichts wie rein in die Boote, die Sie gemütlich und vollkommen unwackelig an Land besteigen. Nehmen Sie Platz, einer der freundlichen Mitarbeiter schiebt Sie ins Wasser. Falls Sie Ihre Kamera mitnehmen möchten, fragen Sie nach einer wasserfesten Aufbewahrung. Los geht's! Paddelschlag im Gleichklang. Rechts, links, rechts, links … Ein bisschen über freies Wasser, wo besonders Glückliche schon mal einen wilden Delfin zu sehen bekommen. Dann nur noch den 17 Trail-Schildern folgen. Zwei Stunden braucht, wer sich Ruhe und Zeit nimmt.

Alle Mann an Bord! Mit dem Kajak vorbei an den Mangovensümpfen

Tarpon Bay Explorers, *900 Tarpon Bay Road, Sanibel Island, FL 33957, Tel. +1-239-472 89 00, www.tarponbayexplorers.com. Kajakmiete für 2 Std. Doppel $ 33, Single $ 25, Guided Tour (ca. 2 Std.) Erw. $ 30, Kinder $ 18.*

Delfindame Winter wird im Clearwater Marine Aquarium gehegt und gepflegt

Clearwater Marine Aquarium

Kennen Sie Winter, den Delfin ohne Schwanzflosse? Winter aus dem Kinofilm „Mein Freund, der Delfin" gibt es wirklich und die Geschichte, die im Film erzählt wurde, ist auch tasächlich – zumindest ähnlich – passiert. Fragen Sie doch mal Ihre Kinder, ob sie Winter besuchen möchten. Die meisten Kids sind Feuer und Flamme und können es gar nicht abwarten, den kleinen Delfin im Clearwater Marine Aquarium einmal „in echt" zu sehen.

Tolle Sache: Freitags bis sonntags um 13.15 Uhr startet die „Movie Tour", bei der gezeigt wird, wo was im Film gedreht wurde. Bevor Sie mit Kindern den Souvenirshop betreten, handeln Sie die Anzahl der Souvenirs aus, die gekauft werden dürfen: Es gibt Ketten, Handtücher, Plüschtiere …

***Clearwater Marine Aquarium**, 249 Windward Passage, Clearwater, FL 33767, Tel. +1-727-441 17 90, www. seewinter.com. Erw. $ 19,95, Kinder (3-12 J.) $ 14,95. Movie Tour zus. Erw. $ 14,95, Kinder (3-12 J.) $ 9,95.*

Dalí Museum

Ein Museumsbesuch ist nichts für Ihre Kleinen? Das glaube ich nicht, denn die Meisterwerke von Salvador Dalí sind echte Hingucker, die allerlei Überraschungen verbergen. Auf eine Reise in die Bilderwelt des katalanischen Surrealisten begibt sich, wer mit dem nötigen Abstand das Meisterwerk „Der halluzinogene Torrero" betrachtet. Treten Sie einen Schritt zurück und schauen Sie gemeinsam mit Ihren Kindern ganz genau hin. Was sehen Sie? Vier oder sogar sechs Frauenskulpturen und einen Keulenschwinger? Und jetzt gucken Sie noch mal. Ist nicht eventuell die Brust der zweiten Frau von rechts die Nase des Torreros? Ihr Bauch nicht eher Mund und Kinn? Lassen Sie die Blicke wandern zu den bunten Punkten links unten im Bild. Erkennen Sie den Stierkopf? Und, weint der etwa? Immer weiter geht es in dieses Wahnsinnswerk hinein. Bis Sie, ja, bis Sie die Frau auf der Luftmatraze sehen, die ganz genüsslich und entspannt im Pool der Tränen badet. Warten Sie auf die Reaktionen Ihrer Kinder, wenn sie pötzlich die Figuren erkennen.

Ansichtssachen

Ein weiteres Überraschungswerk hängt nur wenige Schritte entfernt und zeigt eine nackte Frau, die das Meer betrachtet. Oder sehen Sie etwas anderes? Auch hier gilt: Ein Positionswechsel erweitert den Blick. Wenn Ihnen und Ihren Kindern das nicht gleich gelingen sollte, drehen Sie dem Bild ruhig mal den Rücken zu und schauen Sie rückwarts in eine Sonnenbrille. Sehen Sie es jetzt? Der Mann ist übrigens Abraham Lincoln und die nackte Frau ist Gala, Dalís Ehefrau und Muse. Das Bild heißt „Gala Contemplating the Mediterranean Sea which at Twenty Meters Becomes the Portrait of Abraham Lincoln". Jetzt aber noch schnell auf einen kurzen Besuch in den Museumsshop und das Gewitter im Rolls-Royce bestaunen!

Dalí Museum, 1 Dalí Boulevard, St. Petersburg, Fl 33701, Tel. +1-727-823 37 67, *www.thedali.org*. Mo-Mi, Fr/Sa 10-17.30, Do 10-20, So 12-17.30 Uhr. Erw. $ 21, Kinder (13-18 J.) $ 15 oder (6-12 J.) $ 7.

Ein echtes Wimmelbild: „Der halluzinogene Torrero" von Salvador Dalí

Fakten von A bis Z

Ankunft
Flughäfen

Von Deutschland aus fliegen die meisten Fluggesellschaften den **Orlando International Aiport** [www.orlandoairports.net] oder **Miami International Airport** [www.miami-airport.com] an. Generell stoppt man innerhalb Deutschlands erst am Frankfurter Flughafen, bevor es weiter in die USA geht. Von Frankfurt aus bietet Lufthansa die meisten Verbindungen an. Wer jedoch frühzeitig einen günstigen Flug zur Ferienzeit bekommen möchte, bucht am besten bei airberlin. Zudem bietet **www.opodo.de** eine bequeme Möglichkeit, um aus Hunderten Flugangeboten die günstigsten Flüge herauszusuchen.

ESTA-Genehmigung

Für eine Reisedauer von max. 90 Tagen benötigt jeder Mitreisende eine ESTA-Genehmigung, die eine visumfreie Einreise in die USA garantiert. Diese muss spätenstes drei Tage vor Reiseantritt online [esta.cbp.dhs.gov/esta] beantragt werden. Dabei fallen Bearbeitungsgebühren von $ 4 an. Nachdem der Prüfung Ihrer Daten, werden weitere $ 10 Genehmigungsgebühren erhoben. Die gesamte Summe wird von Ihrer Kreditkarte abgebucht. Sollte Ihr Einreiseantrag aus unbestimmten Gründen abgelehnt werden, sind nur die $ 4 Bearbeitungsgebühren zu zahlen. Nach zwei Jahren oder nach Ablaufdatum Ihres Reisepasses muss die ESTA-Genehmi-

Vom Terminal des Flughafens in Orlando geht's direkt ins Hyatt Regency Hotel

gung für ein erneutes Einreisen in die USA erneuert werden.

APIS-Formular

Alle Fluggesellschaften sind gesetzlich dazu verpflichtet, Flug- und Kontaktdaten der Passagiere an die zuständige US-Behörde weiterzuleiten. Damit es kürzere und stressfreiere Wartezeiten beim Check-in gibt, bietet es sich an, das dazu benötigte APIS-Formular [www.usatipps.de, Suche: APIS Formular] online auszudrucken und bereits ausgefüllt zum Flughafen mitzubringen.

Zoll

Während des Fluges werden Sie gebeten, für Ihre Familie ein Zollformular in englischer Sprache auszufüllen. Dort müssen Sie angeben, ob Sie mit bestimmten Waren oder Geld in die USA einreisen. Erlaubt sind Lebensmittel wie Gebäck, Käse und Süßigkeiten. Personen über 21 Jahre dürfen 200 Zigaretten, 1 l Alkohol und Geschenke im Wert von $ 100 mitbringen. Zudem sind Sie berechtigt, bis zu $ 10.000 einzuführen. Höhere Summen müssen vorher bei der Zollbehörde angemeldet werden (Freibeträge siehe auch S. 112) .

Medikamente

Betäubungsmittel und gefährliche Medikamente werden vom Flughafenpersonal beschlagnahmt. Für Medikamente mit abhängig machenden Stoffen wie Hustenmedizin, harntreibende Mittel, Herzberuhigungs- oder Schlafmittel sowie Antidepressiva und Aufputschmittel müssen die dazugehörigen Beipackzettel und ein ärztliches Attest in englischer Sprache mitgeführt werden.

Vom Flughafen in die Stadt

Orlando: Mit Kindern und viel Gepäck ist es von Vorteil, mit dem Taxi zum Hotel zu fahren. Je nach Entfernung kostet eine Fahrt zwischen $ 12 und $ 105. Wer vorhat, längere Strecken durch Florida zu fahren, kann direkt nach der Ankunft am Flughafen ein Auto mieten (sofern noch nicht von zu Hause aus geschehen). Das günstigste Angebot liegt bei ca. $ 50 pro Tag. Am preiswertesten kommt man ins Stadtinnere mit dem Bus. Die Buslinie heißt Lynx 52 und kostet ca. $ 2 pro Person.

Miami: Auch in Miami ist es am bequemsten ein Taxi für ca. $ 10-76, je nach Ziel, zu nehmen. Wer hier ein Auto mieten möchte, muss zuerst mit dem kostenlosen MIA Mover zur Rental Car Station fahren. Zusätzlich gibt es hier den Miami Beach Airport Bus Service 150, der alle halbe Stunde fährt ($ 2 pro Person).

Davon abgesehen bieten auch viele Hotels einen kostenlosen Abholservice an, was man auf den hoteleigenen Websites oder direkt bei der Buchung im Reisebüro erfahren kann.

Auskunft

Über Vergünstigungen, Events etc. lassen Sie sich am besten in Touristencentern informieren:

Orlando Official Visitor Center [8723 International Drive, Suite 101, Orlando, FL 32819, Tel. +1-800-972 33 04 (Mo-Fr 8.30-17.30, Sa-So 9-15 Uhr), www.visit orlando.com]

Greater Miami Convention & Visitors Bureau [701 Brickell Avenue, Suite 2700, Miami, FL 33131, Tel. +1-305-539 30 00, www.miamiandbeaches.com]

Orlando Magicard

Die kostenlose Orlando Magicard bietet Ihnen Vergünstigungen bei vielen Attraktionen, Restaurants und Einkaufsmöglichkeiten. Sie können die Magicard online ausdrucken, per Telefon anfordern oder im Orlando Visitor Center (Adresse siehe S. 103) abholen.

Autovermietung

Günstigste Mietwagenanbieter sind **Sunny Cars** [www.sunnycars.de] und **Holiday Autos** [www.holidayautos.de]. Wer mehrere Anbieter vergleichen möchte, kann auch bei **www.billige-mietwagen.de** suchen. Sie sollten auf folgende Angaben achten: **CDW** (Collision Damage Waiver) und **LDW** (Lost Damage Waiver). Sie garantieren eine Vollkaskoversicherung mit reduzierter Haftung bzw. Haftbefreiung bei Diebstahl. Bei der Buchung in Deutschland sind diese Versicherungen in der Regel schon im Mietpreis enthalten. Bei den Anbietern in Florida sollten Sie genau darauf achten, ob diese Versicherungen noch extra dazugebucht werden müssen. Eigene Kindersitze können aus Deutschland mitgebracht werden, da sie von allen Fluggesellschaften kostenlos transportiert werden.

Babysitter

Oft werden Babysitter direkt vom Hotel zur Verfügung gestellt. Sollte Ihr Hotel diesen Service nicht anbieten, verweist es Sie an die richtigen Adressen weiter. Auf **www.supersitters.com** können Sie auch eigenständig Kinderbetreuung im Bereich Orlando ausfindig machen. In Miami vermittelt die **Babysitting Company** [6538 Collins Avenue, Suite 380, Miami Beach, FL 33141, Tel. +1-305-890 70 00] geeignete Babysitter.

Bus, Bahn und Taxi

Orlando: Orlando ist mit einem gut vernetzten Bussystem ausgestattet. Es bietet Verbindungen innerhalb der Stadt, zum Flughafen und zu den Themenparks. Im Zentrum fährt der kostenlose LYMMO Bus. Alle anderen Busse sind mit der Bezeichung Lynx (www.golynx.com) und der entsprechenden Liniennummer gekennzeichnet. Es gibt Fahrkarten für einen, sieben oder dreißig Tage. Eine Tageskarte für $ 4,50 lohnt sich bereits ab mehr als zwei Fahrten.

Per Trolley durch Orlando

Der einfachste Weg, den International Drive und die wichtigsten Sehenswürdigkeiten Orlandos zu erkunden, ist mit dem „I-Ride Trolley"-Bus (www. iridetrolley.com, siehe auch Tour 1, ab S. 34). Es gibt eine rote sowie eine grüne Linie, die den gesamten Raum um den International Drive abdecken. Die Busse der roten Linie fahren alle 20, der grünen alle 30 Minuten, von 8 bis 22.30 Uhr. Pro Fahrt zahlen Erw. $ 1,25, Kinder (unter 12 J.) frei. An gekennzeichneten Haltestellen können Sie kostenlos von der roten auf die grüne Linie (und umgekehrt) umsteigen.

Der „I-Ride Trolley"-Bus ist eine gute und günstige Alternative für's Sightseeing

Miami: Miami bietet zusätzlich zu einem Busnetz (Metrobus) auch ein sehr gutes Bahnensystem (Metrorail) an. Praktisch dafür ist die EASY Card. Sie kostet $ 2 Grundgebühr und kann mit einer Tages-, Wochen- oder Monatskarte bzw. einem Geldwert bis zu $ 150 aufgeladen werden. Preis für eine Einzelfahrt liegt bei ca. $ 2. Preiswert ist außerdem der Bus South Beach Local, der vom South Pointe Drive bis zur 20th Street im Norden fährt ($ 0,25 pro Fahrt – Achtung, immer passend bezahlen!). Darüber hinaus verfügt Miami über eine kostenlose Hochbahn (Miami Metromover), die die Zonen Omni, Downtown und Brickell bedient. Der Metromover ist mittlerweile selbst zu einer touristischen Attraktion geworden.

Die Hauptverkehrszeiten in Florida liegen zwischen 8 und 9.30 Uhr sowie zwischen 16 und 18 Uhr. In dieser Zeit könnte es schon mal länger dauern, ein Taxi zu bekommen. Die Taxipreise setzen sich meist aus ca. $ 2 Startgebühr und ca. $ 2,40 für jede weitere Meile zusammen, können jedoch von Stadt zu Stadt variieren.

Auskunft über Bus- und Bahnverbindungen in ganz Florida finden Sie unter **www.greyhound.com** (Tel. +1-800-231 22 22) oder **www.amtrak.com** (+1-800-872 72 45).

Camping

Von einfachen Zeltplätzen bis hin zu luxuriösen Wohnmobilen – Florida bietet Hunderte von Campingplätzen für jeden Geschmack und alle Bedürfnisse. Campingsaison ist hier das ganze Jahr über und die Region ist perfekt für Outdoor-Aktivitäten aller Art.

Orlando S.E. / Lake Whippoorwill KOA

12345 Narcoossee Road, Orlando, FL 32832, Tel. +1-800-562 39 69, www. koa.com, Suche: Orlando SE. Pro Nacht ab $ 45 (Wohnwagen) oder $ 55 (Campinghäuschen).

Die KOA-Campingplätze gibt es schon seit 50 Jahren. Allein in Florida sind es zurzeit 28, sowohl an der Küste als auch im Inland. Das Lake Whippoorwill KOA gehört zu den etwas teureren Campingplätzen, die Investition lohnt sich aber. Es gibt die Möglichkeit zu zelten, mit dem Wohnmobil anzureisen oder in kleinen Campinghäuschen zu übernachten. Themenparks wie Disney World, Universal Studios, SeaWorld, Legoland oder Holy Land Experience und der Flughafen sind nur 20 Autominuten entfernt. Und wer gerade keine Erfrischung in dem malerischen See sucht, hat mit dem Golfplatz eine gute Alternative.

Disney's Fort Wilderness Resort & Campground

4510 N Fort Wilderness Trail, Lake Buena Vista, FL 32830, Tel. +1-407-939 22 67, www.disneyworldcamping. com. Pro Nacht ab $ 48 (Wohnwagen + Zelt bzw. zwei Zelte).

Als Alternative zum teuren Disney Resort Hotel bietet sich perfekt der Disney-Campingplatz an.
Dank diverser Aktivitäten für Kinder wie reiten (Pferde oder Ponys), Abenteuerspielplätze und -swimmingpools, Segway-Touren etc. sowie der Möglichkeit einer Kinderbetreuung können Mama und Papa auch ein paar entspanntere Stunden genießen.

Miami Everglades Campground

20675 SW 162nd Avenue, Miami, FL 33187, Tel. +1-305-562 77 32, www. miamicamp.com. Ab $ 35 (Wohnwagen) oder $ 49 (Campinghäuschen).

Klimatabelle Orlando

	Jan	Feb	März	Apr	Mai	Juni	Juli	Aug	Sep	Okt	Nov	Dez
Wassertemperaturen in °C	23	23	24	25	25	27	28	29	28	27	25	24
Lufttemperaturen/Max./	22	23	26	28	31	33	33	33	32	29	26	23
Min. (in °C)	9	10	13	15	19	22	23	23	22	19	14	11
Sonnenschein (in Std.) täglich	7	8	9	9	9	8	9	8	7	7	7	7
Niederschlag (Tage/Monat)	5	6	6	4	7	12	14	14	10	6	5	5

Dieser Campingplatz ist ein Parade-beispiel für die schöne Landschaft in und um Miami. Sowohl Natur- als auch Sportliebhaber kommen hier auf ihre Kosten. Ein Highlight sind die frisch geernteten Mangos und Avocados, die es jeden Tag kostenlos gibt. Für die kleins-ten Camper steht ein schöner Spielplatz mit eigenem Clubhaus zur Verfügung.

Wohnmobile mieten

Wer unabhängig von Zeltplätzen oder Campinghäuschen mobil und frei Flo-rida erkunden möchte, kann ein Wohn-mobil mieten. Die einfachste, aber auch teuerste Variante ist es, von Deutschland aus zu buchen. Außer einem Preisver-gleich bietet das Portal **www.usa-reisen.de** auch eine kostenlose Skype-Hotline an (Skype-Name: USAReisen, Tel. in Deutschland 030-707 93 40).

In **Orlando** kann man bei **Road Bear RV** günstig Wohnmobile mieten. Der Verleih befindet sich nur 5 Meilen vom Flughafen entfernt [7276 Narcoossee Road, Orlando, FL 32822, www.road bearrv.com. 8-17 Uhr].

FX Outdoors verleiht Wohnmobile im Raum **Miami**. Buchen können Sie ent-weder telefonisch oder per E-Mail [8201 N Miami Avenue, Miami, FL 33150, Tel. +1-305-232 20 60, rvrentals@fxoutdoors.com, www.fxoutdoors.com].

Allgemein muss man mit Mietkosten in Höhe von ca. $ 750-900 pro Woche rechnen.

Einheiten

In den USA gelten britische Einheiten:
1 mile (Meile)= 1,61 Kilometer
1 inch (Zoll) = 2,54 Zentimeter
1 foot (Fuß) = 30,48 Zentimeter

Die großen Städte Floridas lassen sich bequem per Fahrrad erkunden

1 pound (Pfund) = 0,45 Kilo
1 fl oz/fluid ounce (Flüssigunze) = 29,57 Milliliter
Temperatur: 77 °F = 25 °C

Fahrradverleih

Orlando:

Kyles Bike Shop [203 N Primrose Drive, Orlando, FL 32803, Tel. +1-407-228 70 88, www.kylesbikeshop.net. Mo-Fr 10-19, Sa 10-17 Uhr]

Miami:

Miami Beach Bicycle Center [601 5th Street, Miami Beach, FL 33139, Tel. +1-305-674 01 50, www.bikemiami beach.com. Mo-Sa 10-19, So 10-17 Uhr]

Key West:

Eaton Bikes [830 Eaton Street, Key West, FL 33040, Tel. +1-305-294 81 88, www.eatonbikes.com. Mo-Sa 9-18, So 9-16 Uhr. Pro Tag Räder für Erw. ab $ 18, mit Kindersitz $ 20, Kinderräder $ 12]

St. Petersburg:
Wheel Fun Rentals [800 2nd Avenue NE, St. Petersburg, FL 33701, Tel. +1-727-820 03 75, www.wheelfunrentals.com. Mo-Sa 10 Uhr bis Sonnenuntergang, So ab 11 Uhr. Leihgebühr pro Std. Mountainbike $ 8, Double Surrey (4 Pers.) $ 30, Grande Surrey (bis zu 9 Pers.) $ 40]
Sanibel Island:
Finnimores [2353 Periwinkle Way (im Winds Center), Sanibel Island, FL 33957, Tel. +1-239-472 55 77, www.finnimores.com. Tägl. 9-16 Uhr]

Feiertage
Ein Feiertag ist in den USA nicht gleichgesetzt mit einem arbeitsfreien Tag, somit haben die meisten Geschäfte an den Feiertagen geöffnet. Frei gibt es oft nur für Schulen, Banken und Behörden. Am 25.12. sind allerdings alle Geschäfte geschlossen. Siehe auch Kasten, S. 117.

Ferien
In Florida gibt es keine einheitlichen Ferienzeiten für alle Landkreise (Counties). In den meisten beginnen die Sommerferien Mitte Mai oder Mitte Juli und enden Mitte August bzw. Anfang September.

Geldwechsel
Ohne Kreditkarte ist man in den USA generell verloren. Sie können an allen ATM-Geldautomaten zu dem aktuellen Wechselkurs und geringen Gebühren Bargeld abheben. Zudem gibt es auch die Möglichkeit, sich in Deutschland Traveller-Checks über bestimmte Summen ausstellen zu lassen. Sie sind gegen Diebstahl und Verlust versichert und man kann mit ihnen überall bezahlen, ohne sie in Bargeld zu wechseln. Deutsche-Bank-Kunden haben den Vorteil, dass sie gebührenfrei mit ihrer Giro-, Kredit- oder Sparcard an allen Filialen der Bank of America abheben können.

Konsulat
Das deutsche **Generalkonsulat** in Miami [100 N Biscayne Boulevard, Suite 2200, Miami, FL 33132, Tel. +1-305-358 02 90 (Mo-Do 8.30-16.30, Fr 8.30-13 Uhr), www.germany.info] hilft Ihnen weiter, falls Ihre Pässe verloren gehen sollten.

Kommunikation
Bevor Sie Ihre Reise antreten, sollten Sie sich informieren, ob Ihr Handy in den Mobilfunkfrequenzen der USA genutzt werden kann. Beim Mobilfunkanbieter **Cellion** (www.cellion.de) können eine kostenlose SIM-Karte und, wenn nötig, auch ein geeignetes Handy angefordert werden, mit denen man günstig nach Deutschland telefonieren und von dort angerufen werden kann. Eine weitere Option sind Prepaidkarten, die man überall in den USA kaufen kann. Die **Vorwahl für Deutschland** ist 01149. Beim Telefonieren innerhalb der USA muss man immer +1 und die jeweilige Landkreisvorwohl wählen. Nummern, die mit 800 beginnen, sind kostenlos. Wer ein internetfähiges Handy oder einen Laptop dabei hat, wird in Florida problemlos freie Wi-Fi-Spots finden (www.openwifispots.com).

Medizinische Versorgung
Die medizinische Versorgung in Florida ist auf einem mit Deutschland

vergleichbaren Niveau. Jedoch sollten Sie beachten, dass Sie bei Ärzten immer sofort bezahlen müssen und die Rechnungen meist mehrere Hundert Dollar betragen. Schließen Sie vor Ihrer Reise eine Auslandskrankenversicherung ab, die die hohen Kosten in den USA abdeckt. HanseMerkur bietet einen guten Versicherungschutz im Ausland an (www.auslandskrankenschutz.com). ADAC-Mitglieder bekommen auf der ADAC-Website kostenlos eine Liste von Ärzten in Florida. Das **Arnold Palmer Hospital for Children** [92 W Miller Street, Orlando, FL 32806, Tel. +1-407-649 91 11, www.orlandohealth.com, Suche: Emergency Care] in Orlando und das **Miami Children's Hospital** [3100 SW 62nd Avenue, Miami, FL 33155, Tel. +1-800-432 68 37, www.mch.com] bieten Rundumversorgung für Ihre Kinder.

Naturkatastrophen

Die Hurrikanzeit beginnt Anfang Juni und endet im November, wobei der Höhepunkt hier zwischen Mitte August und Mitte Oktober liegt. Die Hurrikane werden vom National Hurricane Center in Miami überwacht (www.noaa.gov). Ca. 36 Stunden vor dem erwarteten Unwetter wird die sogenannte „Hurricane Watch" bekannt gegeben.
Spätestens bei der „Hurricane Warning", die ca. 24 Stunden vor dem Hurrikan angekündigt wird, sollte die Hurrikanzone unbedingt verlassen werden.

Notrufe

Polizei, Feuerwehr, Ärzte: 911
Giftzentrale: +1-800-222 12 22
Auto-Pannenhilfe: +1-800-407 44 11
Reisehilfe: +1-201-546 11 27

Öffnungszeiten

Die Öffnungszeiten sind nicht einheitlich in Florida. Kleinere Shops außerhalb von Touristengegenden schließen oft schon gegen 17 Uhr. Große Geschäfte haben meist 8-21/22 Uhr geöffnet. Arbeitszeiten von Banken und Behörden sind 9-17 Uhr. Viele Restaurants schließen schon um 21/22 Uhr.

Preise und Trinkgelder

Die Preise in den USA werden oft ohne Steuer angegeben, wundern Sie sich also nicht, wenn der Endbetrag höher ist als angegeben. In Restaurants ist es üblich (falls nicht schon im Preis enthalten), 15-20 Prozent Tip (Trinkgeld) zu geben, das man jedoch bar bezahlen sollte.

Wakulla Springs State Park

Oben im Norden Floridas befindet sich eine der größten natürlichen Quellen der Erde, die Wakulla Springs. Der Park bietet eine abenteuerliche Quell-, Sumpf- und Dschungelkulisse, die zum Reiten und Wandern einlädt. Highlight sind Bootstouren (auch mit einem Glasbodenboot) auf dem Wakulla River und direkt über der Quelle. In der Wakulla Lodge kann man übernachten sowie den kleinen Hunger im Restaurant stillen. 465 Wakulla Park Drive, Wakulla Springs, FL 32327, Tel. +1-850-561 72 76, www.floridastateparks.org/wakullasprings. Tägl. von 8 Uhr bis Sonnenuntergang.

Unterkünfte

Es muss nicht immer ein Hotel sein, das für die Nacht gebucht wird. Auch Ferienwohnungen oder Apartments in größeren Hotelanlagen sind oft eine kostengünstige Alternative. Um die besten Angebote für die eigenen Bedürfnisse zu finden, sollten Sie die Preise von Hotels, Hotelapartments und Ferienwohnugen vergleichen. Auf **www. fewo-direkt.de** kann man online schöne Ferienwohnungen buchen, wobei man mit ca. $ 700 pro Woche rechnen sollte. **www.wimdu.de** bietet die Möglichkeit Ferienapartments, Privatwohnungen und auch Häuser online zu buchen. Die Tagespreise sind je nach Größe und Ausstattung unterschiedlich.

Hilton Cocoa Beach Oceanfront

1550 North Atlantic Avenue, Cocoa Beach, FL 32931, Tel. +1-321-799 00 03, www.hilton.com. DZ ab ca. $ 99.
Ein prima Hotel für die ersten Nächte, denn das Hilton Cocoa Beach ist nicht nur leicht online buchbar, sondern auch nur eine knappe Stunde Autofahrt vom International Airport in Orlando entfernt. Für eine vierköpfige Familie fragen Sie nach einem Zimmer mit zwei Queensize-Betten. Das Hotel liegt direkt am Strand.

Disney's Art of Animation Resort

1850 Animation Way, Lake Buena Vista, FL 32830, Tel. +1-407-939 62 44. Familiensuite (bis zu 6 Pers.) je nach Saison ca. $ 249.
Wer von den Disneyhelden nicht genug bekommt, der wird sich sicherlich in einer der 1.120 Familiensuiten des im Mai 2012 neu eröffneten Disney's Art

---

The Breakers – Kinder bis 16 Jahre frei

Umsonst wohnen im Zimmer der Eltern – das ist ein Angebot, das The Breakers (siehe S. 49) seinen Gästen macht. Überlegen Sie sich also, ob Sie die Annehmlichkeiten dieses Grandhotels direkt am Atlantik nutzen möchten: fünf Pools, Lagerfeuer am Strand, Sportspiele für alle Altersgruppen, das alles in luxuriösem und äußerst geschmackvollem Ambiente.
The Breakers, *One South County Road, Palm Beach, FL 33480, Tel. +1-888-273 25 37, reservations@thebreakers.com, www.thebreakers.com. Zimmerpreise ab $ 289.*

---

of Animation Resort wohlfühlen. Die Zimmer und Suiten sind ganz im Design der beliebten Filme „König der Löwen", „Findet Nemo", „Cars" oder „Arielle, die Meerjungfrau" hergerichtet.

Ferienhäuser in Cape Coral

Hendrik Hassebroek, Tel. +1149-40-480 06 06, floridaurlaub.com.de. Ab ca. $ 800 pro Woche für bis zu 4 Pers.
Die geschmackvollen Einfamilienhäuser mit Pool in ruhigen Wohngegenden – Villa Martinique, Villa Chiquita und Villa Sunbeam – befinden sich in Cape Coral in der Nähe von Fort Myers. Am hauseigenen Steg der Villen Martinique und Chiquita können Motorboote anlegen und direkt hinaus aufs Meer fahren (bei Interesse nach einer Bootsoption fra-

gen). Zur Villa Sunbeam gehört außerdem ein Tretboot, mit dem man herrlich entspannt durch die Süßwasserkanäle fahren kann. Manchmal sieht man dann sogar einen Alligator.

Southernmost Hotel

1319 Duval Street, Key West, FL 33040, www.southernmostresorts. com. Ab € 66 p. P./Nacht.
Dieses Hotel im Bungalow-Stil liegt am südlichsten Punkt Floridas, in Key West. Die Lage ist ruhig, aber zentral und direkt am Strand. Hier genießt man karibisches Flair. Es werden jeden Tag diverse Aktivitäten wie Poolspiele und Livemusik angeboten.

Doubletree Beach Resort by Hilton

17120 Gulf Boulevard, North Redington Beach, FL 33708-1443, double tree3.hilton.com, Suche: St. Petersburg Fl. Ab € 77 p. P./Nacht.
Das Doubletree Beach Resort am Strand von St. Petersburg ist eines der günstigeren Hilton-Hotels, es bietet aber den gleichen gepflegten Standard. Es werden diverse sportliche Aktivitäten für die ganze Familie angeboten und das Servicepersonal ist freundlich und kümmert sich gern um Ihre Anliegen.

Floridays Resort Orlando

12562 International Drive, Orlando, FL 32821, www.floridaysresortorlando. com. Ab € 80 p. P./Nacht.
Das Hotel liegt zentral und ist ca. 20 Minuten von den Themenparks und wenige Meter von Restaurants, Supermärkten und Outlet-Stores entfernt. Sie können Apartments buchen oder auch einfache Zimmer beziehen.

Mitten im Geschehen am International Drive: Floridays Resort Orlando

Einkaufen & Mitbringsel

Urlaub – das ist Erholung und Strand, Abenteuer und Erlebnis, aber in jedem Fall auch (fast) immer Shopping. In dieser Hinsicht hat **Orlando** eine große und gute Auswahl in petto, schließlich steht die Stadt auf Platz vier der beliebtesten Einkaufsziele in den USA. Mit Luxuseinkaufszentren und Fabrik-Outlets, einzigartigen Boutiquen, Themenpark-Shops, Museumsgeschäften und Kunstgalerien, Antiquitätenhändlern und Bauernmärkten bietet Orlando eine breite Palette, die ihresgleichen sucht. Shoppingmalls mit den bekannten Läden wie The Gap, Old Navy, Macy's, Saks und Nordstrom gibt es fast überall am Highwayrand. Chanel, Dior, Giorgio Armani, Louis Vuitton, Jimmy Choo, Cartier, Rangoni, MaxMara und über Hundert weitere Designermarken machen in Sachen Spaßfaktor sogar den sieben großen Themenparks Konkurrenz. Die Einkaufsfläche von Orlando ist mittlerweile so groß wie 676 FIFA-Fußballfelder. Aber Vorsicht! Geraten Sie nicht in einen Komplettkaufrausch. Sie dürfen nämlich für Deutschland max. für € 430 pro Person (Kinder unter 15 J. € 175) steuerfrei einkaufen. Ansonsten müssen Sie Ihre Waren verzollen.

Große Marken

Wer seine Lieblingsmarken genau kennt und seine Kinder und sich selbst gern mal neu einkleiden möchte, der dürfte sich in den Factory-Outlets besonders wohlfühlen. Wie ein italienisches Dorf mit Brücken, Türmchen und mit monströsem Parkplatz präsentieren sich die

In den Orlando Premium Outlets gibt es Markenware zu kleinen Preisen

Orlando Premium Outlets – International Drive [4951 International Drive, Orlando, FL 32819, Tel. +1-407-352 96 00, www.premiumoutlets.com/international. Mo-Sa 10-23, So 10-21 Uhr], wo es aus den letzten Kollektionen von American Apparel über Banana Republic bis hin zu Tommy Hilfiger gibt, was die Shoppinglust bedient. Gleich die Straße runter liegt schon das nächste Zentrum, das **Orlando Premium Outlets – Vineland Avenue** [8200 Vineland Avenue, Orlando, FL 32821, Tel. +1-407-238 77 87, www.premiumoutlets.com/vineland. Mo-Sa 10-23, So 10-21 Uhr] mit 150 Geschäften für gehobene Ansprüche. Dazu gehören CH Carolina Herrera, Roberto Cavalli, Burberry, Prada und Y-3.

Malls

Ebensolche Konsumtempel sind die Shoppingmalls, die sich einzig dadurch unterscheiden, dass das Angebot hier meist ein bisschen aktueller ist. 250 Shops hat die **Florida Mall** [8001 South Orange Blossom Trail, Room 420, Orlando, FL 32809, Tel. +1-407-851 62 55. Mo-Sa 10-21, So 12-18 Uhr] zu bieten. Besonders edel ist es in der **Mall at Millenia** [4200 Conroy Road, Orlando, FL 32839, Tel. +1-407-363 35 55, www.mallatmillenia.com. Mo-Sa 10-21, So. 11-19 Uhr]. Hier finden Sie zahlreiche Luxusgeschäfte wie Bloomingdale's, Neiman Marcus, Gucci, Tory Burch und Chanel. Unter den mehr als 150 Läden befinden sich außerdem Filialen von Macy's, Crate and Barrel, Apple, True Religion Jeans, Sanrio, Forever XXI sowie Restaurants. Direkt am International Drive neben dem kopfstehenden Haus von Wonder-Works (Seite 40) liegt **Pointe Orlando**

Einfach mal in die Luft gehen ...

... und zwar ganze 122 Meter hoch. „Characters in Flight" nennt sich die abgehobene Fahrt mit einem mit Helium gefüllten Fesselballon in Downtown Disney. Wer sich traut, wird sich über einen spektakulären Rundumblick über das **Walt Disney World Resort** freuen können. Tägl. von 8 Uhr bis Mitternacht, wetterabhängig. Adresse siehe unten. Erw. $ 18, Kinder (3-9 J.) $ 12.

[9101 International Drive, Orlando, FL 32819, Tel. +1-407-248 28 38, www.pointeorlando.com. Mo-Sa 12-21, So 12-20 Uhr], eine einzigartige Ansammlung von Geschäften, Restaurants und Unterhaltungsangeboten inklusive Zentralfloridas größtem IMAX-Kino unter freiem Himmel im Herzen der Stadt.

Themenparks

Auch die Themenparks sind für ihre ausgefallenen Geschenkläden bekannt. Hier gibt es allerlei Andenken und originelle Mitbringsel für die Daheimgebliebenen. **Walt Disney World Resort's Downtown Disney** [1780 E Buena Vista Drive, Lake Buena Vista, FL 32830] ist der gößte Disney-Laden der Welt. Micky-Maus-Ohren, Donald-Hüte, Bettwäsche für Prinzessinnen. Ein Paradies, zumindest für Disney-Fans. Schauen Sie mal rein bei RIDEMAKERZ, wo Ihre Kinder eigene coole Autos zusammenbauen können. Oder staunen Sie über die unglaublichen Mitbringsel von Magic Masters. Am **Universal Orlando CityWalk** [1000 Universal Boulevard, Orlando, FL 32819, Tel. +1-407-363 80 00] dürfen Besucher entscheiden, ob sie ein ewiges Andenken von der Hart & Huntington Tattoo Company oder lieber eine Süßigkeit von Katie's Candy Company mit nach Hause nehmen. Die **Waterfront at SeaWorld Orlando** lockt mit allerlei kleinen Geschäften und jeder Menge Souvenirs.

Museumsmitbringsel

Obwohl es auch Spielwaren, Bücher und Sammlerstücke gibt, ist das **Orange County Regional History Center Emporium** [65 E Central Boulevard, Orlando, FL 32801, Tel. +1-407-836 85 94, www.thehistorycenter.org. Mo-Sa 10-17, So 12-17 Uhr] hauptsächlich für Produkte rund um das Thema „Zitrusfrüchte" und für seinen Florida-Kitsch bekannt, eine Sammlung witziger Geschenkartikel, die es nur im Sunshine State gibt.

Diesen einzigartigen Muschelladen gibt es auf Sanibel gleich zweimal

Für Wellenreiter

Surfbretter, Waveboards, Skateboards, T-Shirts, Badetücher, Badelatschen, Taschen – alles, was man für einen coolen Tag am Beach benötigt, bekommt, wer sich gern stylt, in **Ron Jon's Surf Shop** [5160 International Drive, Orlando, FL 32819, Tel. +1-407-481 25 55, www.ronjonsurfshop.com. Mo-Sa 10-21.30, So 10-19 Uhr], siehe auch Seite 22.

Alles unter einem Dach

Target ist eine Kaufhauskette, die es in ganz Amerika gibt. Für Basics wie Socken und Unterwäsche, T-Shirts, Kosmetikartikel, aber auch Koffer, Elektronik, Food, Bücher und Musik ist das die richtige Adresse: alles unter einem Dach und einiges sogar recht günstig. Die Kinder- und Spielzeugabteilungen sind groß [Target, 4750 Millenia Plaza Way, Orlando, FL 32839, Tel. +1-407-5410019, www.target.com. Mo-Sa 8-23, So 8-22Uhr].

Noch Platz im Koffer?

Muscheln in allen Größen und Formen, in den ungewöhnlichsten Farben, kann man auf Sanibel Island selbst sammeln oder – wer keine Zeit und Muße dafür hat, der geht zu **She Sells Sea Shells** [1157 Periwinkle Way, Sanibel Island, FL 33957, Tel. +1-239-472 69 91, www.sanibelshellcrafts.com] und tut zu Hause dann einfach so, als hätte er die Meeresmitbringsel selbst gefunden (siehe S. 73). Eine Kleinigkeit geht noch? Ein hübscher Kissenbezug, lustige Salz- und Pfefferstreuer? Bei **Bed, Bath & Beyond** [3228 E Colonial Drive, Orlando, FL 32803, Tel. +1-407-427 1864, www.bedbathandbeyond.com] findet man jede Menge Accesoires für die Wohnung.

Feste & Veranstaltungen

Januar
Walt Disney World® Marathon Weekend
Die Walt-Disney-Welt in Orlando steht Mitte Januar ganz unter dem Zeichen des Sports. Erwachsene, Familien und selbst die kleinsten Kinder können um die Wette rennen oder krabbeln (jeder nach seiner Altersgruppe und Können) [Infos: www.rundisney.com].

Februar
Fasching/Mardi Gras
Die „fünfte Jahreszeit" wird auch in Florida angemessen begangen. Kunterbunt gekleidet feiert die Menge bei Umzügen, Partys und Events, u. a. im Universal Studio in Orlando [Infos: www.universal orlando.com].
Silver Spurs Rodeo
Echtes Rodeo gibt's auch in Kissimmee. Mitte Februar präsentieren unerschro-

Alte Tradition auf den Florida Keys: Conch Shell Blowing

ckene Cowboys ihre kühnen Shows, in denen sie nicht nur wilde Pferde zähmen [Infos: www.silverspursrodeo.com].

März
Conch Shell Blowing
Rote Gesichter, aufgepustete Backen und Geräusche, die vom Mäusepiepsen bis hin zum Ochsengebrüll reichen – der alljährliche Conch-Shell-Wettbewerb! [www.oirf.org oder Tel. +1-305-294 95 01]
St. Patrick`s Day
Zu Ehren des Schutzpatrons der Iren wird es Anfang März grün auf den Straßen von Hollywood in der Nähe von Miami. Straßenumzug, bunte Kirmes und irische Livemusik.

April/Mai
Epcot International Flower & Garden Festival
Wer in der Zeit von März bis Mai Epcot besucht (siehe auch S. 84 und 91), sollte

---

Blue Man Group
*Kennen Sie die Blauen Männer? Nicht die Schlümpfe! Blue Man Group ist ein überaus erfolgreiches Live-Spektakel, das Zuschauer aller Altersklassen in Las Vegas, Berlin, auf hoher See und in Orlando mit einer Bühnenshow aus Musik, Comedy und Multimedia-Theater unterhält. Tickets für die Show im **Universal Orlando® Resort** unter www.universalorlando.com.*

sich dieses botanische Festival nicht entgehen lassen. Die Kinder können in interaktiven Ausstellungen viel über die bunte Pflanzenwelt lernen und die Eltern sich einige Tipps für zu Hause abgucken.

Juni
Disney's Hollywood Studios Star Wars Weekends
Ein besonderer Tipp für die Disney's-Hollywood-Studios-Besucher: An ausgewählten Wochenenden dreht sich alles um Darth Vader und die Jedi-Ritter. Fans der Lucas-Filmreihe finden eine große

Maritim-märchenhafte Kostüme beim Fantasy Fest in Key West

Auswahl von spannenden Shows, Präsentationen und Meet & Greets mit den Star-Wars-Celebrities.

Juli
Fourth of July
Fast in jedem Bundesstaat finden am amerikanischen Nationalfeiertag Paraden und politische Gedenkveranstaltungen statt. Ein besonderes Erlebnis sind die herrlichen Feuerwerke am Abend.
Hemingway Days Festival
Beinahe eine Woche lang wimmelt es in Key West von weißhaarigen, bärtigen Männern, die nur eins im Sinn haben, nämlich den Hemingway-Doppelgänger-Contest zu gewinnen. Außerdem auf dem Programm: Lesungen, Schreibwettbewerbe und ein Bullen-Umzug.

August
Key West Lobsterfest
Hummer, so weit das Auge reicht: Entlang der Duval Street wird der köstlichen Meeresspezialität gefrönt. Straßenfest mit kulinarischen Künsten und Konzerten.
Anything that Floats Race
Ein spektakuläres, aber auch sehr skurriles Rennen liefern sich die Teilnehmer der Regatta in Key Largo. Sie schnappen sich die unterschiedlichsten Gegenstände und selbst gebastelte Boote, um einzeln oder auch in Teams ans Ziel zu kommen. Verrücktes Familienfest mit Musik und Feuerwerk.

September
National Public Lands Day
Wollen Sie Ende September die Everglades oder den Dry Tortugas Natio-

Staatliche Feiertage

New Year's Day – *1. Januar*
Martin Luther King Day –
dritter Montag im Januar
Washington's Birthday –
dritter Montag im Februar
Memorial Day –
letzter Montag im Mai
Independence Day – *4. Juli*
Labor Day *(Tag der Arbeit)* –
erster Montag im September
Columbus Day –
zweiter Montag im Oktober
Veterans Day – *11. November*
Thanksgiving Day – *vierter
Donnerstag im November*
Christmas Day – *25. Dezember
Fallen Neujahr, der Unabhän-
gigkeitstag oder Weihnachten
auf einen Sonntag, so ist der
folgende Tag ebenfalls ein Feiertag. Fällt einer dieser Tage auf
einen Samstag, wird der Tag
davor zum Feiertag.*

nal Park besuchen? Am National Public Lands Day zahlen Sie keinen Eintritt [Infos: Tel. +1-305-242 77 00].

Oktober
Fantasy Fest
Das Fantasy Fest zieht jede Menge Besucher nach Key West. Eine Woche lang werden die ausgefallensten Fantasy-Kostüme zur Schau getragen, bunte Straßenumzüge, unzählige Shows und Partys (z. B. das familienfreundliche Bahama Village Goombay Festival) versetzen den ganzen Ort in einen Ausnahmezustand [Infos: www.fantasyfest.com].

Florida Halloween Trains
In mehreren Städten Floridas fahren Ende Oktober besondere Züge, z. B.:
Orlando: Der **Team R.I.P. Ghost Train** startet am „Ripley's Believe it or not! Odditorium!" (siehe S. 39) [Infos: www. ghosttrainadventure.com].
Parrish: Das Florida Railroad Museum lädt zu einer Fahrt mit dem **Pumpkin Patch Express** [12210 83rd Street E, Parrish, FL 34219, Tel. +1-941-776 09 06, www.frrm.org].

November/Dezember
Pirates in Paradise
Jedes Jahr zum Ende der Hurrikan-Saison wird Key West von Piratenschiffen umzingelt. Besonders die kleinen Besucher finden hier reichlich Unterhaltung: Piratendorf mit Diebesmarkt sowie Kostüm- und Malwettbewerbe. Außerdem: spektakuläre Shows wie Kampfvorführungen, Livemusik und Comedy [Infos: www.piratesinparadise.com].

Welche Straftat wird dieser Pirat wohl begangen haben?

Flora & Fauna

Neben den Echsen mit der großen Klappe und dem amerikanischen Nationalsymbol, dem Weißkopfseeadler, beeindruckt Florida mit einer artenreichen Tier- und Pflanzenwelt. In den sieben Vegetationszonen – Flatwoods, Buschland, Savanne, grasbewachsene Sümpfe, Salzwiesen sowie Laub- und Kiefernwälder – sind rund 700 Fischarten, mehr als 300 unterschiedliche Schmetterlinge und 100 verschiedene Palmensorten zu Hause. Der Sunshine State und seine Bewohner bemühen sich, diese einzigartige Vielfalt zu erhalten. Aus diesem Grund werden immer mehr Gebiete unter Naturschutz gestellt.

Faszinierende Wasserwelt

Die tierischen Bewohner der Halbinsel finden in mehr als 30.000 Seen, 160 Flüssen und zahlreichen Sumpfgebieten ideale Lebensbedingungen. Aufgrund seines Artenreichtums gehört Florida zu den besten Angel- und Tauchrevieren der Welt. Zu entdecken gibt es hier u. a.

Das rosafarbene Symboltier Floridas: der Flamingo

Besuch bei den Manatees

*Ohne die freundlichen Rundschwanzseekühe wäre **Crystal River** nur ein verschlafenes Dorf zwischen Tampa und Talahassee. Der gleichnamige Fluss, mit 22 Grad warmem, kristallklarem Wasser lädt dazu ein, mit den friedlichen Riesen im Rahmen einer Boots- oder Schnorcheltour auf Tuchfühlung zu gehen. Ein unvergessliches Erlebnis! Zahlreiche Anbieter geführter **Manatee-Touren** gibt es in der Nähe des Highway 44, North Suncoast Boulevard, www.floridamanateetours.com.*

Süß- und Salzwasserfische, Delfine, Korallenriffe und Muscheln. Die Florida Keys, eine beeindruckende Kette von mehr als 200 Koralleninseln, bieten ideale Bedingungen um die faszinierende Unterwasserwelt zu erkunden, z. B. von der einzigen deutschsprachigen Tauchbasis Floridas aus [Scuba-Fun, Mile Marker 99, 99222 Overseas Highway (US 1), Key Largo, FL 33037, Tel. +1-305-394 50 46, www.tauchen-florida.de]. Hier kann man mit Glück auch die gigantischen Manatees bestaunen, die einst bis zur Ausrottung gejagt wurden und heute unter strengem Artenschutz stehen. Auch Sport- und Erholungsfischer finden in Florida ein tolles Revier. Angeln ist aktuell in 35 State Parks erlaubt. Hierfür muss man allerdings im Besitz einer lokalen Fischereilizenz sein, die in den meisten Angel-Shops erworben werden kann (ab ca. $ 7).

Wälder und wilde Tiere

Die höchste natürliche Erhebung des Bundesstaates ist der Britton Hill, mit gerade einmal 105 Metern über dem Meeresspiegel. Im Norden wachsen Longleaf-Kiefern, Eichen und Zypressen, von denen einige auf mehr als 3.500 Jahre geschätzt werden [Big Cypress National Preserve, 33000 Tamiami Trail E, Ochopee, FL 34141, Tel. +1-239-695 47 58, www.nps.gov. Tägl. 9-16.30 Uhr (außer an Weihnachten). Kostenlose geführte Touren sind von der aktuellen Witterung und Jahreszeit abhängig, müssen direkt erfragt und bis 14 Tage vorher reserviert werden].

Die gigantischen Manatees gelten als „friedfertigste Tiere der Welt"

35 Prozent der Landfläche Floridas ist mit Wäldern bedeckt und beheimatet Weißschwanz-Hirsche, den bedrohten Florida-Panther oder den Grau-Fuchs. Auch kleinere Säugetiere wie putzige Waschbären, Eichhörnchen oder Kaninchen können in freier Wildbahn beobachtet werden. Dazu gibt es eine bunte Vogelwelt, die von Flamingos über Adler und Geier bis hin zu Pelikanen reicht. Ein prima Tipp für Familien sind die **Flamingo Gardens**, die 2012 im „ABC Channel Viewers Poll" in die „Top 10 Places to take Kids" aufgenommen wurden [Flamingo Gardens, 3750 S Flamingo Road, Davie, FL 33330-16 14, www.flamingogardens.org. Tägl. 9.30-17 Uhr (Anfang Juni-Ende Okt Mo sowie an Weihnachten und Thanksgiving geschlossen). Erw. $ 18, Kinder (4-11 J.) $ 10, Senioren (über 65 J.) $ 15]. In Zentralflorida befindet sich das Hauptanbaugebiet für schmackhafte Zitrusfrüchte. Auf einer Fläche von ca. 350.000 Hektar werden Orangen angebaut. Die meisten Früchte werden sofort gepresst und zu Konzentrat für Saft verarbeitet. Mehr als 15 verschiedene Sorten Bio-Obst gibt es zum Selberpflücken auf der großen, familienfreundlichen **Showcase of Citrus**-Plantage [5010 US Highway 27, Clermont, FL 34714, Tel. +1-352-394 43 77, www. showcaseofcitrus.com. Mitte Okt-Mitte Mai]. In Richtung Süden befinden sich die berühmten Mangrovenlandschaften wie z. B. die Everglades (Weltnaturerbe der UNESCO, siehe Tour 5, S. 56 ff.). Auf geheimnisvollen Pfaden lassen sich hier mehr als 60 Orchideenarten bestaunen. Noch exotischer wird es, wenn man die großen Populationen der scheinbar friedlich dahintreibenden Aligatoren (Gators) und Krokodile beobachtet – lieber mit entsprechendem Sicherheitsabstand! Auch einigen anderen tierischen Bewohnern geht man besser aus dem Weg. In Floridas tropischem Klima fühlen sich mehr als 40 verschiedene Schlangenarten wohl. Darunter so giftige Gesellen wie Klapper-, Mokassin- oder Korallenschlangen, die sich in freier Wildbahn jedoch nur selten blicken lassen.

Geschichte

Vulkanischen Ursprungs

In Amerikas südöstlichem Staat ist nicht nur der Lebensstil karibisch: Florida war Teil einer vulkanischen Kette. Diese brachte u. a. die karibischen Inseln hervor und verband sich im Laufe von Millionen Jahren teilweise mit dem Festland. Die ersten Bewohner soll es bereits vor mehr als 10.000 Jahren gegeben haben. Diese lebten im tropischen Marschland der Everglades und waren hoch entwickelt. Sie besaßen Werkzeuge aus Muschelschalen, jagten mit Schilfrohren und hatten sogar Fischteiche angelegt. Warum es diese Kultur irgendwann nicht mehr gab, weiß man bis heute nicht. Erst vor ca. 2.000 Jahren wurden die Feuchtgebiete wieder von den Calusa-Indianern bewohnt, die vom Fischfang lebten. Die im Norden beheimateten Timucua ernährten sich von der Landwirtschaft.

Die Eroberer kommen

Um Ostern 1513 erreichte der spanische Seefahrer Juan Ponce de Léon die Ostküste Floridas, das er nach dem spanischen Blumenfest „Pascua Florida" benannte. Für die nächsten 250 Jahre blieb der Sunshine State eine spanische Kolonie. 1565 kam es zur Gründung von St. Augustine, der ältesten bis heute existierenden Stadt der Europäer in den USA. Die Spanier brachten nicht nur das Christentum nach Amerika, sondern auch Krankheiten (u. a. Typhus, Pocken), an denen unzählige Indianer starben. Ehen zwischen Spaniern und Indianern waren übrigens nicht selten!

Auf den Spuren von Ernest Hemingway

Der alte Haudegen war einer der größten Literaten des 20. Jahrhunderts – und einer der größten Frauenhelden seiner Zeit. Kein Wunder, Ernest Miller Hemingway war nicht nur Schriftsteller, sondern auch Reporter und Kriegsberichterstatter, Abenteurer, Hochseefischer, Großwildjäger – und dazu gutaussehend und talentiert. 1953 erhielt er den Pulitzer-Preis für seine Novelle „Der alte Mann und das Meer" und 1954 den Literaturnobelpreis. Hemingway war viermal verheiratet und zahlreiche Liebesabendteuer säumten seinen Weg. Doch all die schönen Frauen, das Talent und die luxuriösen Häuser auf Key West und Kuba haben ihn nicht glücklich gemacht. Eine tiefe Depression trieb ihn 1961 in den Selbstmord (siehe Tour 7, S. 67 f.).

Die Engländer begannen ihre Kolonien von Nordamerika auszuweiten und sagten den Spaniern in Florida den Kampf an. Nach dem Siebenjährigen Krieg gelang es den Briten 1763, die Macht zu übernehmen. Vorerst, denn im amerikanischen Unabhängigkeitskrieg (1775–1783) gewann Spanien die Kontrolle über den größten Teil von Westflorida zurück. Das Verhältnis zum restlichen Teil Amerikas verschlechterte sich, als die Spanier entflohenen Sklaven

Unterschlupf gewährten. Am 21. Juni 1788 wurden die Vereinigten Staaten von Amerika gegründet. US-Truppen marschierten in die spanische Kolonie und besetzten Westflorida. Die Spanier gaben nach und verkauften 1819 im Rahmen des Adams-Onis-Vertrages ihr gesamtes Territorium an die USA.

Indianer und Bürgerkrieg

Mit den weißen Siedlern weitete sich die Plantagenkultur nach Florida aus. Im Kampf um neue Anbauflächen sollten die dort beheimateten Seminolen-Indianier weichen. 1821 kam es zum ersten von drei Seminolen-Kriegen (auch Floridakriege genannt), angeführt von Gouverneur Andrew Jackson – dem späteren 7. Präsidenten der Vereinigten Staaten (1829-1837). Am 3. März 1845 wurde Florida offiziell als 27. Bundesstaat in die Union aufgenommen. Im politischen Gerangel der Parteien änderten sich die Machtverhältnisse, weshalb sich elf Staaten wieder aus der Union lösten – darunter auch Florida. Hieraus entstand 1861 ein Bürgerkrieg, der nach vier Jahren für die Nordstaaten siegreich beendet wurde.

Eisenbahn & Zirkuselefanten

In den Nachkriegsjahren war der Staat Florida chronisch pleite. Unternehmer wie Henry Morrison Flagler (siehe auch S. 48) nutzten ihre Chance. Der „Eisenbahnbaron" errichtete eine Linie entlang der Ostküste und schob damit eine Entwicklung an, die bis heute Floridas Wirtschaftsfaktor Nr. 1 ist: der Tourismus. Bei den Eisenbahnstationen entstanden luxuriöse High-Class-Hotels für sonnenhungrige Besucher. Als ebenso

geschäftstüchtig – und ein wenig rabiat – erwies sich Carl Graham Fisher, der mithilfe von zwei Zirkuselefanten Teile des Mangrovendschungels roden ließ, um dort u. a. Tennisplätze sowie eine Pferderennbahn zu errichten. Nach der Zerstörung 1926 durch einen gewaltigen Hurrikan wurde in Miami Beach eine Architektur im Stil des französischen Art déco erbaut. Die noble Feriendestination zog allerdings nicht nur ehrenwerte Urlauber an. Gangsterkönig Al Capone besaß ein luxuriöses Anwesen in der Palm Avenue 93 auf Palm Island. Hier lebte der Kriminelle – unterbrochen von einem Aufenthalt auf der Gefängnisinsel Alcatraz – acht Jahre lang, bevor er 1947 in Florida starb. (Die Villa kann für $ 8 Millionen erworben werden!)

Für Literatur- und Katzenliebhaber: das Hemingway-Haus in Key West

Platznot im Sunshine State

Menschen aus Amerika und Europa strömten in Scharen nach Florida, um dort zu leben und zu arbeiten. Eine rasante Entwicklung, die zu einem Landboom führte, der bis Mitte der 1920er-Jahre anhielt. 1926 kam es zum Niedergang der Immobilienpreise und einer anschließenden Depression. 1929 folgten neue Immigrantenströme. Auslöser war der sogenannte „Schwarze Freitag". Viele nutzten den Börsenkrach an der Wall Street, um im „Sonnenschein-Staat" ein neues Leben zu beginnen. Für die ansässigen Afroamerikaner brachte diese Entwicklung keine Veränderung ihrer Lebensumstände. Auch in Florida hatten sie kein Wahlrecht und die Rassentrennung war an der Tagesordnung – dies änderte sich erst durch die Bürgerrechtsbewegung in den 1960ern.

Wie die Indianer...

Mitten in den Everglades, am Rande der Zivilisation, liegt das Big-Cypress-Reservat, in dem ca. 600 Seminolen Indianer zu Hause sind. Vor 20 Jahren entschied der Stamm, Besucher aus aller Welt an seiner Kultur teilhaben zu lassen – vom Ah-Tha-Thi-Ki-Indianermuseum, das Kleidung, Schmuck und Waffen ausstellt, über Live-Vorführungen, Lagerfeuer-Abende bis zu Delikatessen, wie z. B. Alligatorenschwanz oder indianisches Brot. Ein richtiges Abenteuer! www.semtribe.com.

Einen prominenten Bewohner erhielt Florida 1931, als der berühmte Schriftsteller Ernest Hemingway mit seiner zweiten Ehefrau Pauline in die Whitehead Street 907 zog. (siehe Kasten S. 120 und S. 67 f.)

1959, nach der Revolution in Kuba, flüchteten zahlreiche Castro-Gegner ins benachbarte Florida. Daraus entstand ein kubanisches Viertel in Miami – die bis heute größte kubanische Gemeinde außerhalb Kubas. Florida drohte mit seinen 170.304 Quadratkilometern aus allen Nähten zu platzen. Zum Vergleich: 1900 zählte Florida 528.000 Einwohner, 1960 fast fünf Millionen und aktuell satte 19 Millionen. Damit handelt es sich um einen der bevölkerungsreichsten Bundesstaaten der USA.

Raumfahrt & Entertainment

Der nächste große wirtschaftliche Aufschwung kam nach dem 2. Weltkrieg, als die Weltraumforschung Florida für sich entdeckte. Die NASA ließ sich an der Ostküste nieder und errichtete das Raumfahrtzentrum Cape Canaveral (siehe Kap. „Die tollsten Attraktionen für Kinder", S. 94). Die Eglin Air Force Base ist mit 1.876 km² der größte Stützpunkt der amerikanischen Luftwaffe im Nordwesten Floridas. In den 1960ern überrollten zahlreiche Erlebnisparks den Staat. Den Anfang machte das Space Center, u. a. gefolgt von den Universal Studios und SeaWorld. Anfang der 1970er entdeckte der Walt-Disney-Konzern Florida und baute seinen ersten Park, das Magic Kingdom in Orlando (gefolgt von Epcot und den MGM Studios). Damit war ein weiterer Grundstein für die Entertainment-Metropole gelegt.

Sport

Sport gehört in Florida zum Lifestyle dazu. Ob man sich selbst betätigt oder die Lieblingsmannschaft in einer der riesigen Arenen anfeuert, ist dabei egal. Die Stars der jeweiligen Teams sind die Helden der Nation. Schon im Kindergarten träumen viele junge Amerikaner davon, einmal in die großen Fußstapfen ihrer Idole zu treten ...

Familiensache

Der Besuch einer Sportveranstaltung ist in Florida ein Familienereignis und der wichtigste Nationalsport ist Football. Aus Florida stammen drei Teams: die Miami Dolphins, die Jacksonville Jaguars und die Tampa Bay Buccaneers. Zum jährlichen Highlight kommt es, wenn im Januar/Februar das Saisonfinale der

Küstengewässer laden zum Entdecken ein

> ### Viele berühmte Sportler ...
>
> *... trainieren und leben im Sunshine State. Die bekannten Tennisschwestern Serena und Venus Williams haben sich in Palm Beach angesiedelt, Steffi Graf besitzt ein wunderschönes Anwesen in Boca Raton und auch in der Umgebung von Sarasota und Bradenton haben sich einige Tennisasse angesiedelt. Dort betreibt der berühmte Trainer Nick Bollettieri seine Tennis Academy und Tommy Haas, Monica Seles oder Martina Navratilova sind hier zu Hause. Auch Golfprofi Tiger Woods feilt in Florida an seinem Abschlag.*

National Football League (NFL) stattfindet – der sogenannte Super-Bowl! Diesen gab es in Florida zuletzt 2010 im Sun Life Stadium, Heimat der Miami Dolphins. Ein Besuch der Arena lohnt sich aber auch zu den regulären Spielen [Sun Life Stadium, 347 Don Shula Drive, Miami Gardens, FL 33056, Tel. +1-305-623 61 00, www.sunlifestadium.com. Tickets ab $ 50].

Baseball

Durch mehrfache Gehälterstreiks hat Baseball in den vergangenen Jahren viele Fans verloren, rangiert aber weiterhin auf Platz 2 der beliebtesten Sportarten in den USA. Jede Mannschaft bestreitet in der Saison mehr als 150 Spiele – dadurch sind die Eintrittspreise niedriger als in anderen Sportarten. Die großen Teams in Florida sind die Tampa Bay Rangers und die Miami Marlins, die seit 2012 in einem neuen Ballpark spielen [Marlins Park, 501 Marlins Way, Miami, FL 33125, Tel. +1-305-480 13 00, www.miami. malins.mlb.com. Tickets ab $ 35].

Basketball

Die National Basketball Association ist die beste Basketball-Liga der Welt. Derzeit besteht die NBA aus 30 Mannschaften, von denen zwei aus Florida kommen: Orlando Magic und Miami Heat sind sehr erfolgreich – scheitern jedoch nicht selten an dem deutschen Superstar Dirk Nowitzki, der für die Dallas Mavericks Körbe wirft. In Florida finden die Basketballspiele u. a. in der American Airlines Arena statt. Eine Multifunktionshalle, die auch für Konzerte und andere Veranstaltungen genutzt wird [601 Biscayne Boulevard, Miami, FL 33132, Tel. +1-786-777 10 00, www. aaarena.com. Tickets ab $ 50].

Golf

Die immer beliebter werdende Ballsportart nimmt in Florida einen besonderen Platz ein. Mit ca. 1.100 Golfplätzen gibt es hier mehr als in jedem anderen amerikanischen Staat. Und die Abwechslung kommt nicht zu kurz: Florida bietet Golfanlagen mit Palmen, Seen oder Pinien und sogar dem Ausblick auf den Golf von Mexiko. Das Klima ist von Oktober bis April ideal. Besonders auf dem **Coral Oaks Golf Course** sind auch die kleinen Spieler willkommen [Mehr Infos auf www.floridagolf.com und www. capecoral.net].

Kanu fahren

Durch Mangrovenwälder, Küstengewässer, Seen und Flussläufe – Floridas Wasserwege sind ein Paradies für Kanuten und Kajakfahrer. Intensiver kann man die bunte Tier- und Pflanzenwelt kaum erleben als vom Wasser aus. In Everglades City gibt es **North American**

Natur pur: Auf exotischen Wegen wird auch kleinen Wanderern nicht langweilig

Das Glück der Erde ...

... liegt auf dem Rücken der Pferde! Kleine und große Cowboys sind auf der Lady Hawk Farm richtig. Diese liegt ca. eine Autostunde von Orlando entfernt in wunderschöner Lage, am Withlacoochee State Forest. Die deutschsprachige Besitzerin Susanne Casea bietet in familienfreundlicher Atmosphäre tägliche Ausritte und Reitunterricht auf gut trainierten Pferden unterschiedlicher Rassen und Größen. Mit einem Reitwegenetz von insgesamt 300 km gibt es hoch zu Ross viel zu entdecken!
Lady Hawk Farm, *10542 South Forestline Avenue, Inverness, FL 34452, Tel. +1-866-892 47 97, www.ladyhawkfarm.com, ladyhawkfarm@yahoo.com.*

Canoe Tours, die Boote und Ausrüstung vermieten [107 Camellia Street, Everglades City, FL 34139, Tel. +1-877-567 06 79, www.evergladesadventures.com. Ab $ 25, je nach Boot und Tour].

Bowling

Ein Ausflug auf die Bowlingbahn macht der ganzen Familien Spaß und ist einer der wohl klassischsten amerikanischen Zeitvertreibe. Zu den angesagtesten Adressen gehört das **Bird Bowl Center** in Miami. In stilechter Atmosphäre gibt es hier auch einen Billard- und einen Game-Room. Ein Restaurant, das typisch amerikanische Burger und Co. serviert, darf natürlich auch nicht fehlen [40th Street Miami, FL 33165, Tel. +1-305-221 12 21, www.birdbowl.com. So-Do 8.30-1, Fr-Sa 8.30-3 Uhr. Ab $ 2.50 pro Person/Spiel]!

Surfen

Es gehört zum American Way of Life, sich lässig auf einem Surfbrett über die Brandung tragen zu lassen. Dies geht nirgendwo besser als am Strand von Sebastian Inlet, im gleichnamigen Nationalpark. Südlich von Melbourne Beach befindet sich das Surfzentrum der Ostküste. An dem 4,5 Kilometer langen Strand ist eine gute Brandung sicher, weshalb hier jährlich die Surfmeisterschaften der Eastern Surfing Association (ESA) stattfinden. Nicht nur Wellenreiter zieht es an diesen Hotspot – hier können kleine Wasserratten auch angeln, schnorcheln oder tauchen.

Wandern

Von den Wäldern im Norden bis zu den Sumpf- und Feuchtgebieten im Süden – in Florida müssen die Deutschen nicht auf eines ihrer liebsten Hobbys verzichten. Auf der Internetseite von Visit Florida [www.visitflorida.com] können Informationen zu mehr als 100 Wander-, Rad- und Paddelwegen des Bundesstaates abgerufen werden. Dadurch ist es möglich, schon im Vorfeld einer Reise Routen zu planen, detaillierte Beschreibungen der Wege – z. B. Aktivität oder Länge – abzurufen und über interaktive Karten zu erfahren, welche Hotels, Einkaufsmöglichkeiten oder Restaurants in der Nähe sind. So wird es auch für die Kids nicht langweilig, Floridas Natur aus nächster Nähe zu entdecken.

Verlag: COMPANIONS GmbH,
Am Sandtorkai 73, 20457 Hamburg,
Tel. 040-306 04-600,
Fax 040-306 04-690,
E-Mail: info@companions.de,
Internet: www.companions.de

Autorin: Simone Sever
› Für meine Söhne Caesar und David ‹

Touren 4 + 7: Anne Sauer
Gut zu wissen: Ronja Bernecker,
Stefanie Ohl

Lektorat: Marta Braun

Schlussredaktion: Stefanie Ohl

Schlusskorrektur: Kerstin Gonsior

Titelgestaltung und Layout:
Cornelia Prott

Druck und Bindung:
DZA Druckerei zu Altenburg GmbH

Bildnachweise:
Titelfoto: imagebroker RM
Alle Fotos: Simone Sever, außer:
Visit Florida S. 1, 3 oben, 12, 44, 47, 56,
59, 73, 109, 118, 119, 121, 123, 124, Anne
Sauer S. 2, 51, 52, 54, 55, 58, 66, 68, Uni-
versal Orlando Resort S. 3 unten, Florida
Keys S. 5, 60, 69, 101, Shutterstock.com
(Katherine Welles S. 6, Losevsky Pavel
S. 16, Jeff Kinsey S. 27, William Silver
S. 28, Sheri Armstrong S. 29, Jeff Gyna-
ne S. 32, Audrey Snider-Bell S. 33, romarti
S. 57, SeanPavonePhoto S. 102, Ivan
Cholakov S. 105), The Monroe Tourist
Development Council S. 8, 61, 64, 67, 115,
116, 117, iStockphoto.com (Nina Shannon
S. 11, stane_c S. 43, Ben Blankenburg
S. 70), JCB Prod/panthermedia.net S. 17,
107, SeaWorld Parks & Entertainment
S. 19, 87, Disney S. 20, 21, 89, mic.ro/
pixelio.de S. 40, London Duck Tours Ltd
S. 44, Flagler Museum S. 48, SeanPavo-
nePhoto/Fotolia.com S. 80, Discovery
Cove, SeaWorld S. 86, 87, Dalí-Museum,
St. Petersburg Florida S. 100, iridetrolley.
com S. 105, Floridays Resort Orlando S.
111, Premium Outlets S. 112.

Karte: Karthographiebüro Jochen Fischer

ISBN 978-3-89740-692-6

Die angegebenen Preise und Öffnungszeiten verstehen sich auf dem Stand von
August 2012.